东北财经大学财政学系列教材

U0792069

政府与非营利组织会计习题册

（第五版）

贺蕊莉 主编

东北财经大学出版社
Dongbei University of Finance & Economics Press
大连

图书在版编目（CIP）数据

政府与非营利组织会计习题册/贺蕊莉主编．—5版．—大连：东北财经大学出版社，2018.4
（东北财经大学财政学系列教材）
ISBN 978-7-5654-3049-7

Ⅰ.政…　Ⅱ.贺…　Ⅲ.单位预算会计-高等学校-习题集　Ⅳ.F810.6-44

中国版本图书馆CIP数据核字（2018）第009289号

东北财经大学出版社出版
（大连市黑石礁尖山街217号　邮政编码　116025）
网　　址：http：//www.dufep.cn
读者信箱：dufep@dufe.edu.cn
大连永盛印业有限公司印刷　东北财经大学出版社发行

幅面尺寸：148mm×210mm　字数：138千字　印张：8.625
2018年4月第5版　2018年4月第1次印刷

责任编辑：时　博　责任校对：惠恩乐
封面设计：潘　凯　版式设计：钟福建

定价：25.00元

教学支持　售后服务　联系电话：（0411）84710309
版权所有　侵权必究　举报电话：（0411）84710523
如有印装质量问题，请联系营销部：（0411）84710711

东北财经大学财政学系列教材
编审委员会

主　任

马国强　教授　博士　博士生导师

委　员　（以姓氏笔画为序）

孙　开　教授　博士　博士生导师

孙文学　教授　博士生导师

吕　炜　教授　博士　博士生导师

刘明慧　教授　博士　博士生导师

吴旭东　教授　博士　博士生导师

李松森　教授　博士　博士生导师

苑新丽　教授　博士　硕士生导师

寇铁军　教授　博士　博士生导师

第五版前言

非营利组织会计是会计体系的重要组成部分，“政府与非营利组织会计”是会计专业和其他相关专业学生的必修课程。在实际教学中，由于如下原因，“政府与非营利组织会计”成为一门“易学不易教”的课程：

一是学生已经具备了足够的会计基础知识，容易学习。“政府与非营利组织会计”课程一般被安排在“基础会计”和“中级财务会计”之后学习，甚至有许多学习被安排在准备报考或报考了注册会计师考试之后。

二是“政府与非营利组织会计”中的每一类会计都相对简单，容易学习。由于非营利性追求，非营利组织会计普遍不进行营利计算、完全成本核算，没有企业会计中的利润结转分配、费用摊销、成本核算等比较复杂的学习内容，相对简单，易于学习。

三是“政府与非营利组织会计”的会计科目庞杂繁复，不易讲授。在“政府与非营利组织会计”课程中，我们共介绍四类主体的会计核算，每一类主体都有相应的会计制度，规定了相应的会计科目。如财政总预算会计有59个科目，行政单位会计有34个科目，事业单位会计有48个科目，民间非营利组织会计有48个科目，共计189个科目。这些会计科目有类同，也有差别；同类型的经济业务，不同的会计主体所使用的会计科目可能一致，也可能不一致；同类型的经济业务，不同的会计主体管理要求有可能一致，也可能不一致等等，都需要逐条厘清，不易讲授。

四是财政倾向。对于我国的政府与非营利组织会计来说，在会计制度设计中，会计主体的核算需要和财政部门的管理需要，都是其设计目标。现行的《事业单位会计制度》（2012年）、《行政单位会计制度》（2013年）、《财政总预算会计制度》（2015年），令财政部门的管理需要得到了比较充分的满足。按照财政管理需要设计出来的会计制度，与按照会计核算需要设计出来的会计制度肯定有很大的不同，对于习惯了会计主体核算逻辑的学生来说，这种不同带给他们很大的困扰，不易接受。

为改变课程学习中极易出现的“一讲就会、一讲就倦、一做就错”的问题，作者特别撰写了这本《政府与非营利组织会计习题册》。本书依据《政府与非营利组织会计》（第五版）的内容，分为两个部分，每个部分又分为五篇，分别对应主教材的五篇。学生可以两本书对照着学习和练习，从而增进对课程内容的理解，增进对财政逻辑的理解，提高学习效率和效果。

由于时间仓促，书中难免有不当之处，恳请读者批评指正。

主　编

2018年4月

目　录

第一部分　练习题

第二部分　练习题参考答案

第一部分

练习题

第一篇　导论练习题

一、概念题

1.政府与非营利组织会计

2.会计要素

3.平行登记

二、简述题

1.简述我国政府与非营利组织会计的组成体系。

2.我国的预算会计与西方的预算会计有何不同?

3.经济信息从进入到输出，在会计部门要经过哪些加工环节?各环节如何环环相扣?

第二篇　财政总预算会计练习题

一、概念题

1.财政总预算会计

2.收付实现制

3.权责发生制

4.财政性存款

5.预拨经费

6.应收转贷款

7.待发国债

8.已结报支出

9.应付转贷款

10.应付代管资金

11.预算稳定调节基金

12.预算周转金

13.资产基金

14.财政专户管理资金收入

15.地区间援助收入

16.调入资金

17.债务转贷收入

18.一般公共预算本级支出

19.政府性基金预算本级支出

20.国有资本经营预算本级支出

21.年终财政结算

22.一般公共预算执行情况表

23.附注

二、简述题

1.简述财政总预算会计的会计主体。

2.简述财政总预算会计的工作任务。

3.简述《财政总预算会计制度》对总会计信息质量的要求。

4.简述财政总预算会计科目的设置依据。

5. 依据业务性质，财政总预算会计核算的资产有哪些类型？

6. 简述财政总预算会计对资产的确认和计量。

7. 简述预拨经费及其管理。

8.简述财政总预算会计负债的内容。

9.简述应付政府债券的核算。

10.简述应付国库集中支付结余的核算。

11. 简述财政总预算会计核算的净资产类型。

12. 简述一般公共预算结转结余的核算。

13. 简述政府性基金预算结转结余的核算。

14.简述国有资本经营预算结转结余的核算。

15.简述预算周转金的用途与核算。

16.简述财政总预算会计核算的收入的内容。

17.简述财政总预算会计核算的收入的确认与计量。

18.简述一般公共预算本级收入的核算。

19.简述调拨收入的内容。

20.简述财政总预算会计核算的支出内容。

21.简述财政总预算会计核算支出的确认与计量。

22.简述各项支出的账务处理依据。

23.简述财政总预算年终清理结算的主要事项。

24.简述财政总预算会计编制会计报表应当遵循的规定。

25.简述财政总预算会计资产负债表的编制。

26.简述收入支出表的编审。

27.简述总会计报表附注应当披露的内容。

28.简述财政总预算会计参与或具体负责组织决算草案的编审工作的内容。

三、会计分录题

1.A县政府财政收到国库报来的“一般公共预算本级收入日报表”，当日的一般公共预算本级收入为5万元，为国内私营企业增值税分成收入。

2.Z县财政局收到国库报来的“政府性基金预算本级收入日报表”，所列基金收入为25万元，其中，育林基金收入18万元，公租房租金收入7万元。

3.W市财政用政府性基金预算资金补助被征地农民500万元。

4.广东省财政将10亿元一般公共预算结余资金转存到商业银行，定期存款6个月。

5.Z县政府财政收到代管的教育收费的利息收入160元。

6.L市财政为市卫生部门支付购置疫苗款项，总金额61万元，以财政直接支付方式支付。

7.决算清理期中，A县财政收到上年度的政府性基金预算本级收入12万元。

8.L市财政所购买的C公司股份宣告发放股利，政府投资份额应得股利30万元。

9.L市财政借给教育局款项60万元。

10.L市财政收到下级甲县还款27万元。

11.G省政府财政代省建投公司偿还国外主权贷款本息2亿元，本金1.9亿元，利息0.1亿元。

12.G省财政通过财政部发行专项债券，现向L市转贷50亿元。

13.M省财政获得世界银行贷款，向N市转贷110亿元。

14.G省政府财政用一般公共预算资金向某基金公司投资2亿元，股权面值与投资成本一致。

15.N省财政发行为期10个月的短期政府债券，面额10亿元，实际收到的发行收入10亿元。

16.月末，N省财政确认本月短期政府债券的应付利息为400万元。

17.年末，N省财政按照权责发生制列支一般公共预算本级支出，人大事务经费结余0.4亿元，发展与改革事务经费结余0.5亿元，共计0.9亿元。

18.N省人大用上年的经费结余购买一批办公用品，价款3万元，由省财政通过国库集中支付款项给供货商。

19.C县财政因资金困难，向L市财政借款30万元。

20.L市财政收到一笔款项5万元，不明性质，暂时存入国库。

21.N省偿还长期政府债券，本金12亿元，利息0.8亿元，共计12.8亿元。

22.中央财政借入主权外债资金，折合人民币150亿元，借款存入商业银行。

23.中央财政确认借入的主权外债本期应付利息21万元。

24.L市财政采用定向承销方式发行地方政府债券置换存量债务10亿元，期限3年。

25.L市财政收到国外某基金托管资金2 000万元。

26.年终，Z县财政进行年终转账，将一般公共预算的有关收入科目贷方余额转入“一般公共预算结转结余”科目的贷方。“一般公共预算本级收入”科目贷方余额52万元，“补助收入——一般公共预算补助收入”科目贷方余额16万元，“上解收入——一般公共预算上解收入”科目贷方余额8万元，“地区间援助收入”科目贷方余额5万元，“调入资金——一般公共预算调入资金”科目贷方余额4万元，“债务转贷收入——地方政府一般债务转贷收入”科目贷方余额25万元，“动用预算稳定调节基金”科目贷方余额6万元。

27. 年终，L市财政将政府性基金预算的有关支出科目借方余额按照政府性基金种类分别转入“政府性基金预算结转结余”科目下相应明细科目的借方。“政府性基金预算本级支出”科目借方余额28 642万元，“上解支出——政府性基金预算上解支出”科目借方余额400万元，“补助支出——政府性基金预算补助支出”科目借方余额150万元，“调出资金——政府性基金预算调出资金”科目借方余额10 000万元，“债务还本支出——专项债务还本支出”科目借方余额15 000万元，“债务转贷支出——地方政府专项债务转贷支出”科目借方余额3 000万元。

28. 年终，N省将“国有资本经营预算本级支出”科目借方余额6 500万元和“调出资金——国有资本经营预算调出资金”科目借方余额5 000万元，转入“国有资本经营预算结转结余”科目借方。

29.年终，Z县财政将“财政专户管理资金收入”科目贷方余额11万元转入“财政专户管理资金结余”科目贷方。

30.年终，Y市财政将“专用基金支出”科目借方余额500万元转入“专用基金结余”科目借方。

31.N省财政一般公共预算资金紧张，动用预算周转金5 000万元，调入预算稳定调节基金。

32.L市将预算周转金200万元调入预算稳定调节基金。

33.L市财政收到当日“预算收入日报表”，所列一般公共预算本级收入3万元，为车船税。

34.Z县财政收到当日的“基金预算收入日报表”，所列政府性基金预算本级收入600万元，为国有土地收益基金收入。

35.N省收到当日的“国有资本经营预算收入日报表”，所列国有资本经营预算本级收入2万元，为邮政企业利润收入。

36.Z县财政收到待缴国库单一账户的教育收费收入1万元，存入财政专户。

37.年终，N省财政“专用基金收入”科目贷方余额500万元，全数转入“专用基金结余”科目。

38.Z县财政收到市财政拨入的一般公共预算补助款20万元，存入国库。

39.年终，L市财政“上解收入——一般公共预算上解收入”科目贷方余额310万元，“上解收入——政府性基金预算上解收入”科目贷方余额110万元，分别转入“一般公共预算结转结余”和“政府性基金预算结转结余”科目。

40.L市从一般公共预算调入政府性基金预算530万元，用于平衡政府性基金预算。

41.N省动用预算稳定调节基金1 800万元，用于弥补本年度预算资金的不足。

42.N省财政向国际金融组织借款30亿元，款项存入商业银行。

43.L市从省财政获得借入主权外债转贷款15亿元，用于所属Z县自来水管网改造。贷款资金由Z县财政同级的建委使用，资金由外方将贷款资金直接支付给用款部门，Z县政府财政承担还款责任。请分别写出L市和Z县的会计分录。

44.Z县财政向县教育局拨付小学教育经费10万元，由国库存款支付。

45. 年度终了，L市对纳入国库集中支付管理的、当年未支而需结转下一年度支付的政府性基金款项采用权责发生制确认支出。经确认，太阳能发电补助结余1.3亿元，征地和拆迁补偿支出结余1.6亿元，共计2.9亿元为结余资金。

46.N省财政用国有资本经营预算资金0.5亿元，安排在“教育支出类”下的“国企改革遗留问题支出项”，以国库存款支付。

47.L市财政动用专户管理的教育收费收入，向教育局拨付职业教育经费80万元。

48.Z县财政用专用基金收入安排粮食风险基金支出200万元，从商业银行专户中支出。

49.L市对所属Z县本年的体制补助支出150万元，到年底，实际已补助120万元。年终财政结算，应补未补款项30万元，记入“与下级往来”科目。请分别写出L市和Z县的会计分录。

50.L市财政的“上解支出——一般公共预算上解支出”科目借方余额0.8亿元，“上解支出——政府性基金预算上解支出”0.5亿元，分别转入对应的结转结余科目。

51.N省对新疆进行地区间援助，支出1亿元，以国库存款支付。

52.Z县财政从政府性基金预算调出资金20万元，用于弥补一般公共预算资金缺口。

53.L市财政依据一般公共预算结转结余的情况，补充预算稳定调节基金560万元，用于弥补以后年度预算资金的不足。

54.N省以取得的国外主权贷款向所属L市转贷资金5亿元，用于燃气设施改造，还款责任由L市政府财政承担，资金由外方直接支付给用款单位。请分别写出N省和L市的会计分录。

55.L市偿还本级政府财政承担的短期政府债券本金5亿元，利息0.2亿元。

56. 某市政府财政收到当日基金预算本级收入61万元，存入国库。

57. 中央财政获得世界银行贷款61亿元，并向M省转贷11亿元。请写出中央财政和M省的会计分录。

58. 为市卫生部门支付购置疫苗款项，总金额61万元。

59. 年末，市财政与所属甲县进行财政结算。甲县应上解市财政2 000万元，已经上解1 800万元，应解未解的200万元转入往来账户。请分别写出市财政和甲县的会计分录。

60. 县财政收到代管的教育收费的利息收入160元。

61. 年末，市财政核实行政事业单位的国库集中支付结余资金。文化局结余资金81.9万元，其中，财政直接支付结余51.9万元，财政授权支付结余30万元；黄海大学结余资金256.7万元，其中，财政直接支付结余176.7万元，财政授权支付结余80万元。请分别写出市财政、文化局和黄海大学的会计分录。

62.在决算清理期，某市财政收到上年度的国有资本经营预算本级收入16万元。

63.某省政府财政用一般公共预算资金向A公司投资2亿元，股权面值与投资成本一致。

64.Z县财政局收到国库报来的“政府性基金预算本级收入”，所列基金为30万元。

65.市财政用纳入财政专户管理的教育收费安排支出60万元，用于中小学的教学支出。

66.省财政向D市补助1亿元，并从国库划款支付。请分别写出省财政和D市财政的会计分录。

67.L市财政收到一笔款项5万元，不明性质，暂时存入国库。

68. 中央财政用一般公共预算资金安排风险资金15亿元，并将资金转入农业发展银行。

69. 中央财政发行期限为3年的专项债券200亿元，并向G省转贷50亿元。请分别写出中央财政和G省的会计分录。

第三篇　行政单位会计练习题

一、概念题

1.行政单位

2.一级预算单位

3.可比性原则

4.零余额账户用款额度

5.政府储备物资

6.受托代理资产

7.财政拨款结转

8.财政拨款结余

9.资产基金

10.待偿债净资产

11.财政拨款收入

12.经费支出

13.拨出经费

14.财务报表

15.收入支出表

二、简述题

1.简述行政单位会计的特点。

2.简述行政单位财务管理的主要任务。

3.简述行政单位会计信息质量要求。

4.简述行政单位会计运用会计科目的要求。

5.简述行政单位资产管理要求。

6.简述行政单位资产的计价。

7.简述行政单位固定资产的核算要求。

8.简述行政单位待处理财产损溢的核算。

9.简述行政单位负债的管理要求。

10. 简述行政单位应缴财政款的核算。

11. 简述行政单位应付职工薪酬的核算。

12. 简述行政单位净资产的类型。

13.请比较财政拨款结转和财政拨款结余的定义。

14.简述行政单位收入的内容。

15.简述行政单位支出管理要求。

16.简述行政单位年终清理的内容。

17.简述行政单位编制财务报表的规定。

18.简述行政单位的报表附注至少应当披露的内容。

三、会计分录题

1.县房管局收到代理银行签章的“授权支付额度到账通知书”，财政部门为本单位核定的零余额账户用款额度为800 000元。

2.市税务局开出转账支票，从零余额账户中支付本月保洁费用，金额为5 000元。

3.到年末，市环保局尚有158 000元的财政授权支付额度未支用，依据代理银行提供的对账单作相关注销额度的会计账务处理。

4.县公安局与县财政部门核实，本年的财政授权支付预算指标数为2 300 000元，实际下达的零余额账户用款额度数（包括已经注销的80 000元）为1 680 000元，尚有620 000元的预算指标为本单位的预算结余资金。

5.年末，财政预算管理处会同国库管理机构、代理银行和预算单位等核定预算单位年终预算结余资金，市消防局收到财政部门的“预算单位年终结余资金数额通知书”，单位本年度的财政直接支付预算指标数与当年财政直接支付实际支出数的差额为310 000元。

6.市卫生局当年预付给综合服务中心的劳务款18 000元，因综合服务中心劳务质量无法达到合同要求，经双方协商解除协议并退回预付款，存入银行。

7.市人事局为劳务工王颖支付“五险一金”，共计1 200元，其中有500元是个人负担部分，需要在发放工资时予以扣回。

8.县社保局购入20箱打印纸，每箱500元，运输费80元，共计10 080元，以零余额账户用款额度支付，货物验收入库。

9. 市教育局购入一批教学用具，价款60 000元，向对方支付增值税10 200元，运输费800元，装卸费500元，保险费300元，共计71 800元。以银行存款支付50 000元，尚有21 800元余款没有支付。货物已验收入库。

10. 市环保局购入一台测污设备（需要安装），设备价款80 000元，运输费1 000元，装卸费500元，共计81 500元，以零余额账户用款额度支付60 000元，余款21 500元作为扣留质量保证金。

11. 县工商局对一栋办公楼进行改扩建，该楼的账面价值150 000元，已计提折旧120 000元，固定资产账面余额270 000元；发生改扩建费用共计491 000元，以财政直接支付方式支付；大楼改扩建完工后交付使用。

12. 市水利局以A设备与外单位置换成B设备，换出A设备的资产估值31 000元，向对方支付补价1 000元，评估费700元，以银行存款支付。换入B设备不需要安装，验收后投入使用。换出设备的账面价值35 000元，已计提折旧15 000元，账面余额50 000元。

13. 市消防局报废一台消防车，账面价值56 000元，已计提折旧10 300元，账面余额66 300元，经批准转入待处理财产损溢，并予以核销。

14. 市土地局对办公大楼进行修缮，该楼的账面价值720 000元，已计提折旧519 300元，账面余额1 239 300元。

15. 市公安局为提高任务完成效率，通过政府采购新购入5辆公务车，每辆价款200 000元，保险费8 000元，运输费10 000元，以财政直接支付方式付款。

16. 县城建局用新取得的专利权与临县城建局置换，换出的专利权估值200 000元，以银行存款支付过户费等费用15 000元，对方补价20 000元，并存入银行；换出专利权账面价值180 000元，累计摊销40 000元，无形资产的账面余额220 000元。

17. 县税务局对纳税申报系统进行升级改造，支付升级费用70 000元，以零余额账户用款额度支付。

18. 县房管局接受L企业委托储存管理一批包装袋，有关凭据注明的金额为53 100元。

19. 市环保局建设一批自动化的垃圾回收箱，现已完工交付使用，建造成本385 000元。

20. 市粮食局（采购单位）通过政府采购购入一批政府储备物资，购买价款3 516 000元，向对方支付增值税597 720元，运输费5 000元，装卸费7 300元，保险费9 000元，共计4 135 020元，由财政直接支付方式付款。

21. 县工商局处置一批库存材料，账面价值30 000元，处置得到的15 000元价款存入银行，记入“应缴财政款”账户。

22. 县公安局计提本月应付职工薪酬。基本工资155 000元，地方（部门）津贴补贴210 000元，奖金60 000元，共计425 000元。扣除费用如下：社会保险费26 000元，住房公积金18 700元，代扣个人所得税17 000元，工会经费3 000元，扣款共计64 700元。实际支付360 300元。

23. 县城建局接收A公司提供的装修服务，服务完成时以银行存款支付费用80 000元，余款20 000元作为质保金。

24. 市环保局以分期付款方式购入电脑10台，每台价款8 000元，共计80 000元。首付款20 000元，以银行存款支付；其余价款在以后的6个季度中支付，每个季度10 000元。

25. 经财政部门批准，市卫生局对财政拨款结余资金2 600 000元改变用途，用于补助三甲医院引进先进的医疗器械。

26. 年末，市卫生局将财政拨款收入本年发生额6 451 000元转入“财政拨款结转”科目，其中2 931 000元为基本支出拨款，3 520 000元为项目支出拨款。项目支出拨款中，A项目2 200 000元，B项目1 320 000元。

27. 年末收支转账后，市卫生局的“财政拨款结转”科目的明细科目中，“收支转账”贷方余额395 000元，“结余转账”的借方余额283 400元，“年初余额调整”贷方余额17 000元，“归集上缴”借方余额190 000元，“归集调入”贷方余额190 000元，转入“剩余结转”明细科目。

28. 县城建局进行主干道路修复建设工作，施工合同的总价款是31 000 000元，项目完工时，单位共支付施工费用的60%，即18 600 000元。按照合同，40%的余款12 400 000元在以后的4个年度中分季偿还，每个季度偿还775 000元。

29. 市消防局订购的政府储备物资到货，签订购货合同时单位预付款300 000元，现补付价款2 300 000元，以财政直接支付方式付款。

30. 市房管局无偿调出以前购入的政府储备物资，价值500 000元。

31. 市房产局计算提取当月的城市居民低收入家庭住房补贴款，本月有6 090个家庭享受补贴，每户500元，共计3 045 000元。

32. 县工商局收到“财政授权支付额度到账通知书”，通知显示430 000元的零余额账户用款额度。

33. 年末，市公安局与财政对账，本年度财政授权支付预算指标数为320 000元，财政授权支付额度下达数为260 000元，两者间的差额为60 000元，确认结余。

34. 县人事局3月购入打印纸一批，价款5 000元，已入库。后发现存在质量问题，全部退货并收回已支付资金。

35. 市环保局聘请外部人员提供保洁服务，支付劳务费21 000元，代扣代缴个人所得税730元。

36. 市技术监督局支付购买办公桌椅的款项30 000元，以财政直接支付的方式支付。

37. 市消防局以财政直接支付的方式偿还一笔长期应付款，金额230 000元。该款项为购买消防栓所欠款项。

38.县教育局向所属单位拨付一笔基础设施专项资金，该项目由国际货币基金组织资助，为非同级财政拨款，金额200 000元。

39.接38题，年末，县教育局将“拨出经费——项目支出”科目借方余额200 000元转入“其他资金结转结余”科目。

40.年末，市税务局“经费支出”科目本年的发生额为135 000元，其中，“财政拨款支出”明细科目的发生额为103 000元，“其他资金支出”明细科目的发生额为32 000元，转入“财政拨款结转”和“其他资金结转结余”科目。

41.市卫生局购买专用消毒器具一批，预付货款54 000元，以零余额账户用款额度支付。

42.市教育局年终结账前的收入和支出科目余额如下，请进行年末转账处理（项目未完工）。

收入类科目	金额（元）	支出类科目	金额（元）
财政拨款收入	5 150 000	经费支出	4 968 500
基本支出	4 500 000	财政拨款支出	4 847 000
项目支出	650 000	基本支出	4 532 000
		项目支出	315 000
		其他资金支出	121 500
		基本支出	121 500
		项目支出	0
其他收入	350 000	拨出经费	230 000
合计	5 500 000	合计	5 198 500

43. 市体育局收到代理银行签章的"授权支付额度到账通知书"，财政部门为本单位核定的零余额账户用款额度为400 000元。

44. 年末，市体育局尚有260 000元的财政授权支付额度未支用，依据代理银行提供的对账单作相关注销额度的会计账务处理。

45. 市卫生局向C公司预付疫苗款68 000元，以零余额账户用款额度支付。

46.市地震局采购赈灾储备物资一批，价款5 000 000元，由财政直接支付，发生运费支出6 000元，以零余额账户用款额度支付。

47.市统计局无偿调出一台设备，设备的账面价值13 000元，已计提折旧2 600元，账面余额15 600元。调出设备发生运输费用500元，以库存现金支付。

48.市检察院购入特殊材料一批，价款160 000元，向对方支付增值税27 200元，运输费1 800元，装卸费500元，保险费200元，共计189 700元。由财政直接支付150 000元，余款39 700元作为质保金将于1年以后支付。货物已验收入库。

49.县城建局用新取得的专利权与临县城建局置换，换出的专利权估值200 000元，支付过户费等费用15 000元，并向对方补价20 000元，以银行存款支付；换出专利权账面价值180 000元，累计摊销40 000元，无形资产的账面余额220 000元。（注意：请与16题相区别）

50.某行政单位由财政资金投资建设的剧院完工，总造价56 600 000元，现交付使用。

51. 市税务局开出转账支票，从零余额账户用款额度中支付电费，金额为2 000元。

52. 计提本月应付的传统艺术民间团体演出补助款，共计50 000元。

53. 县水利局为劳务工王颖支付“五险一金”共计800元，其中有400元是个人负担部分，需要在发放工资时予以扣回。

54. 县工商局对一栋办公楼进行改扩建，该楼的账面价值3 695 000元，已计提折旧360 000元，固定资产账面余额4 055 000元；发生改扩建费用共计950 000元，以财政直接支付方式支付；大楼改扩建完工后交付使用。

55. 单位职工王强因公出差归来，报销差旅费8 300元，原预支10 000元，余款1 700元退回。

第四篇　事业单位会计练习题

一、概念题

1.事业单位

2.参公单位

3.财政应返还额度

4.应收票据

5.对外投资

6.无形资产

7.应缴税费

8.应缴国库款

9.应缴财政专户款

10.事业基金

11.专用基金

12.事业结余

13.财政补助收入

14.事业收入

15.经营收入

16.事业支出

17.上缴上级支出

18.经营支出

19.预算收入完成率

20.人均基本支出

21.资产负债率

二、简述题

1.简述事业单位财务管理的基本原则。

2.简述事业单位财务管理的主要任务。

3.简述现行事业单位会计制度的特点。

4.简述事业单位运用会计科目的规定。

5.简述事业单位资产的类型。

6.简述事业单位对外投资管理的规定。

7.简述事业单位固定资产的确认标准。

8.简述事业单位应付职工薪酬的核算。

9.简述事业单位长期借款的账务处理。

10.简述事业单位净资产的类型。

11.简述事业单位非流动资产基金的核算。

12.简述财政补助结转的核算。

13.简述非财政补助结转的核算。

14.简述国库集中支付制度下事业单位财政补助收入的管理与核算。

15.简述事业单位事业收入与经营收入的区别。

16.简述事业单位其他收入的核算。

17.简述事业单位事业支出的核算与明细核算。

18.简述事业单位经营支出的核算与明细核算。

19.简述事业单位年终清理结算的主要事项。

20.简述事业单位的会计报表附注应当披露的内容。

21.简述事业单位的主要财务分析指标。

三、会计分录题

1.事业单位从零余额账户中提取现金5 000元，用于支付装修工人的劳务费用。

2.事业单位收回一笔去年用财政经费支出的费用20 000元，存入银行。

3.年初，单位收到代理银行的用款额度恢复到账通知书，去年尚未下达的用款额度200 000元，恢复去年年末注销的尚未使用的零余额账户用款额度60 000元，共计260 000元。

4.事业单位购买一台打印机，总价款为8 000元，不需要安装，用上年度的财政直接支付结余资金支付。

5.省咨询服务中心5月份向M企业提供信息咨询服务，取得事业收入80 000元，对方开出一张面值为80 000元、3个月的无息银行承兑汇票。7月因急需资金，该事业单位将票据向银行贴现，收到资金76 000元，支付贴现利息4 000元。

6.省环境保护事业单位向E公司订购的一套价值200 000元的污水检测设备到货，验收后投入使用。已交定金30 000元，剩余金额以财政直接支付方式付款。

7.市体育事业单位以零余额账户用款额度支付电费35 000元，包括1 500元的职工家属宿舍用电。

8.事业单位接受一批无偿捐赠的专用设备，没有相关凭据，市场上也没有同类或类似的价格作参照，因此以名义金额1元入账，同时用银行存款支付运输费用2 000元，该批设备已投入使用。

9.某林业事业单位属于增值税一般纳税人，单位向西部贫困山区无偿捐出一批用于对外培育出售的梨树苗，价值11 700元，其中，该批梨树苗的账面价值是10 000元，应分摊的增值税为1 700元。

10.市技术推广事业单位一年前购进的5年期国债券，因资金周转困难，现将账面价值为50 000元的国债券对外出售，出让收入51 550元，发生手续费100元，余款51 450元存入银行。

11.某学校从制造厂购入12台投影仪（不需安装），价值160 000元。双方约定，学校先以财政直接支付方式支付80%的价款，剩余部分作为质量保证金于一年内支付，制造厂向学校开具了固定资产全款发票。

12. 某事业单位以120 000元融资租入2台大型设备（需要安装），发生运输费2 000元。双方约定，单位先以银行存款支付20 000元，剩余租金分5个季度定期支付，每季度末支付20 400元。

13. 某地质勘测院以其拥有的一项专利权向钻井公司投资，单位聘请一评估团队对其专利权进行评估，评估价为300 000元，评估费10 000元，以银行存款支付；专利权的账面价值150 000元，已计提摊销15 000元，无形资产账面余额165 000元。

14.某消防事业单位委托一网络公司升级改造报警系统，并以零余额账户用款额度支付劳务费10 000元。

15.县园林绿化单位向银行贷款购买树苗，本月发生利息支出11 000元，以银行存款支付。

16.某信息中心对办公楼进行改建，办公楼的账面价值428 000元，已计提折旧253 200元，账面余额681 200元，转入在建工程。

17. 某航务事业单位盘点固定资产，盘亏乙器械1件，乙器械的账面价值5 000元，已计提折旧1 000元，账面余额6 000元，转为待处置资产。

18. 省文物事业单位无偿调入10台电脑，没有相关凭据，但市场上类似电脑的市场价格每台约3 500元，共计35 000元。运输费600元，以现金支付。

19. 市水文事业单位投资的A公司出现连年亏损最终破产，本单位尚有股权投资532 800元，全部损失。

20. 市咨询服务中心向C企业购买打印机，开出银行承兑汇票20 000元，期限为5个月。现汇票已到期，因银行存款余额不足无力支付，将款项转为短期借款。

21. 市科技事业单位为引进国外的精密仪器，向银行借入200 000元的短期借款，现已到期，单位除归还本金外，还支付了利息7 000元。

22. 县城市环卫单位属于增值税一般纳税人，用银行存款购入一批非自用卫生清理工具，增值税专用发票上注明工具价款30 000元，增值税税额5 100元。

23. 县良种培育单位因工作需要外购一批非自用玉米种，购入后因仓库潮湿种子发芽受损。种子的账面余额为8 000元，相关增值税为1 360元，单位将种子转为待处置资产。

24. 省版权事业单位属于增值税小规模纳税人，将其拥有的某小说的版权对外出售，取得价款30 000元，按6%征收率计算应纳增值税1 698元。

25. 月末，市信息咨询单位对外提供咨询服务，根据取得的服务费计算应缴纳的增值税500元、城市维护建设税35元、教育费附加15元。

26. 县质量检测单位年末核算，经营结余为200 000元，企业所得税税率为25%。该单位享受国家优惠政策，事业结余免交企业所得税。

27. 县交通规费征收单位取得违反交通规定的罚款收入5 000元，存入银行。按规定，该收入应缴入国库。

28. 省图书文献单位对外展出珍贵藏书，取得展示费4 000元，存入银行。按规定，该收入应缴入财政专户。

29. 月末，市法律服务事业单位以库存现金支付外出劳务人员费用，金额160 000元。

30. 省电视台以银行存款支付建造办公大楼的建设银行贷款利息10 000元，该大楼尚未完工。

31. 省海洋保护单位从一造船厂融资租入一艘游艇，用于出海工作。游艇总价款400 000元，双方约定，单位先支付100 000元，余款300 000元分年度偿付，每年度100 000元。

32. 某事业单位以银行存款购买C公司的股票15 000股，每股8.25元，税金、手续费等相关税费3 000元，共计126 750元，以银行存款支付。

33. 某事业单位通过政府采购购进一批铝合金建材并投入在建办公大楼，该批铝合金建材总价款230 000元，以财政直接支付的方式支付。

34. 某事业单位以其闲置仓库对外投资，房屋评估价值700 000元，该房屋的账面价值23 000元，已计提折旧42 000元，账面余额为65 000元。以银行存款支付评估费用3 000元。

35. 年末，某社会科学研究事业单位按规定从事业结余提取单位职工福利基金80 000元。

36. 某演出事业单位按照规定使用固定资产修购基金购置一套音响设备，价款32 000元，以银行存款支付。

37. 年末，某技术推广事业单位将“财政补助收入——基本支出”科目本期发生额430 000元、“财政补助收入——项目支出”科目本期发生额32 000元转入“财政补助结转”科目。

38. 年末，某公路运输管理事业单位完成“财政补助结转”后，对财政补助各明细项目执行情况进行分析，按照有关规定将符合财政补助结余性质的项目余额21 500元转入“财政补助结余”科目。

39. 年末，某咨询服务中心将“事业收入——非财政专项资金收入”科目本期发生额270 100元、“上级补助收入——非财政专项资金收入”科目本期发生额75 200元、“附属单位上缴收入——非财政专项资金收入”科目本期发生额21 000元，结转入“非财政补助结转”科目。

40. 期末，某房地产服务事业单位将“经营收入”科目本期发生额298 100元，结转入“经营结余”科目。

41. 年末，某水文事业单位将“事业结余”科目贷方余额358 699元、“经营结余”科目贷方余额90 538元，转入“非财政补助结余分配”科目贷方。

42. 接第41题，年末，该水文单位针对经营结余计算应缴纳的企业所得税，税率为25%。

43. 接第42题，年末，该水文单位按照单位事业结余和经营结余扣除应缴企业所得税后余额的20%提取职工福利基金。

44. 接第43题，年末，该水文单位将缴纳企业所得税、提取职工福利基金后的“非财政补助结余分配”科目贷方余额转入“事业基金”科目。

45. 省专利事业单位实行国库集中支付制度，单位收到代理银行转来的“授权支付到账通知书”，通知显示财政批复300 000元的财政授权支付额度。

46.市技术监督事业单位以财政直接支付方式购买的材料，因质量不合格发生退货，该项材料价款210 000元。

47.市环境监测事业单位收到应上缴财政专户的事业收入32 000元，存入银行。

48.接第47题，该环境监测事业单位将应上缴财政专户的事业收入32 000元，上缴财政专户。

49. 年末，省海洋管理事业单位将“事业收入——专项资金收入”科目本期发生额190 000元，结转入“非财政补助结转”科目。

50. 某事业单位收到上级单位用非财政资金对本单位的用于地震识别反应系统改进的补助500 000元，收款入账。

51. 年末，县设计事业单位将“上级补助收入——专项资金收入”科目本期发生额240 000元，结转入“非财政补助结转”科目。

52. 市良种培育事业单位属于增值税小规模纳税人，出售其培育的小麦种取得销售价款72 000元，该批货物承担的增值税4 075元。

53. 市信息咨询事业单位属于增值税一般纳税人，单位对外提供信息提供服务，取得应纳增值税经营收入300 000元，应纳增值税16 981.13元，收款入账。

54. 省航务事业单位出售3年期国债，共收款64 000元，其中本金60 000元，利息4 000元。

55.年末，县房地产服务事业单位将“其他收入——专项资金收入”科目本期发生额430 000元，结转入“非财政补助结转”科目。

56.年末，县园林绿化事业单位将“财政补助收入”科目本期发生额130 000元转入“财政补助结转”科目。

57.市技术咨询事业单位为从事专业业务活动及其辅助活动人员计提本月薪酬，职工基本工资358 100元，津贴补贴523 600元，奖金217 000元，共计1 098 700元。

58. 市交通规费征收事业单位本月发生水费29 000元，以零余额账户用款额度支付。

59. 年末，县体育设施事业单位将“事业支出——财政补助支出——基本支出”科目本期发生额2 935 800元、“事业支出——财政补助支出——项目支出”科目本期发生额1 721 000元，结转入“财政补助结转”科目。

60. 某事业单位为在专业业务活动及其辅助活动之外开展非独立核算经营活动领用材料一批，价值3 100元。

61. 年末，省编辑事业单位将“经营支出”科目本期发生额3 541 300元，转入“经营结余”科目。

62. 年末，市报刊杂志事业单位将“上缴上级支出”科目本期发生额800 000元，转入“事业结余”科目。

63. 市艺术创作事业单位为在专业业务活动及其辅助活动之外开展非独立核算经营活动人员计提本月薪酬，基本工资628 000元，奖金219 000元，绩效工资258 600元，共计1 105 600元。

64.市社会科学研究事业单位支付银行借款利息22 500元。

65.省城市环卫事业单位以专用铲车对D公司进行长期股权投资，铲车估值835 000元，发生评估费用3 000元；该设备的账面价值为710 000元，已计提折旧210 000元，固定资产账面余额500 000元。

66.县综合服务事业单位在每日现金账款核对中发现短缺现金800元，无法查明原因，报经领导批准后予以核销。

67. 用现金购买复印纸一批，价款950元，并直接发放给各部门使用（所用款项为财政部门当年拨入的基本经费）。

68. 开出转账支票一张（以零余额账户用款额度支付）支付办公设备价款50 000元，所用款项为财政部门当年拨入的基本支出经费，设备经验收后交付使用。

69. 大学对外提供教学服务，收取培训费收入30 000元，并存入银行。

70.大学所属非独立核算招待所接待外籍旅游者，收取100 000美元住宿费用，当日的人民币汇率为100美元兑换650元人民币，并存入银行。

71.收到银行的“授权支付到账通知”，本月的零余额账户用款额度为800 000元，其中基本支出补助700 000元，项目支出补助100 000元，与财政部门批复的“季度分月用款计划”核对无误后，进行账务处理。

72.单位购进自用材料A一批，材料价款与运杂费共计15 000元，以零余额账户用款额度支付，材料验收入库。

73.学校与K公司进行横向科研合作，按照协议，K公司应向学校支付200 000元预付款作为合作订金，收款入账。

74.学校的非独立核算食品加工厂，向L公司销售产品一批，价款20 000元，向对方收取增值税3 400元，共计23 400元，货已发出，货款尚未收到（增值税一般纳税人）。

75.学校向M设备制造公司订购急需教学设备一台，按照合同向对方支付预付款30 000元，以零余额账户用款额度支付（财政资金、基本支出）。

76. 收到主管部门的补助收入300 000元，用于单位的某一专项活动需要（A项目）。

77. 交纳上月计提的应交增值税800元，应交城市维护建设税56元，应交教育费附加24元，应交地方教育费20元，共计900元，以银行存款支付。

78. 计提本月应付职工薪酬700 900元，其中，应付工资450 000元，应付地方津贴补贴250 000元，奖金900元。计算各种扣款：职工应交个人所得税12 000元，职工个人住房公积金9 000元，社会保险费5 000元，工会经费2 000元，扣款合计28 000元（财政统发）。

79. 接78题，单位实现由财政统发工资，将本月单位工资报表报送财政，由财政直接支付，依据财政转来的直接支付凭证记账。

80. 所属非独立核算的财税学院领取备用金5 000元。

81. 所属非独立核算财税学院报销差旅费用1 000元，以现金支付（所用款项为财政部门当年拨入的基本经费）。

82.向自来水公司支付水费3 500元，其中500元为职工家属宿舍垫付用水费用（所用款项为财政部门当年拨入的基本经费，以零余额账户用款额度支付）。

83.学校通过政府采购购买材料一批，单位将自筹资金100 000元划转到政府采购资金专户。

84.单位实行非税收入上缴财政专户管理的办法，收到学生学费收入4 500元，存入银行，并上缴。

85.向M设备制造公司订购的教学设备到货，设备总价款80 000元，已经预付30 000元，余款50 000元以零余额账户用款额度支付。

86.L公司所欠的销售产品款收回，共23 400元，并存入银行。

87.单位实行国库集中支付，以上年结余资金购买设备一台，总价款25 000元，以财政直接支付方式付款。

88.用A项目专款资金购买材料一批直接投入使用，价款及运杂费10 000元，以零余额账户用款额度支付（A项目为非财政专项资金资助）。

89.计提A项目的研究人员科研津贴5 000元（A项目为非财政专项资金资助）。

90.学校接受校友捐赠电脑30台，每台价值4 000元，共计120 000元。

91.学校报废一台打印机，发生清理费用200元，该设备的残值变价收入500元，账面原值3 000元，已计提折旧2 000元。经批准报废，待处置净收入按规定上缴国库。

92.学校将其拥有的发明专利权转让给B大学，协商作价80 000元，收款存入银行。该专利权的成本是15 000元，已摊销3 500元，通过待处置资产损溢核算。

93.收到从财政专户核拨的预算外资金4 500元。

94. 单位用上年度的财政直接支付结余资金购买设备一台，设备总价款35 000元，不需要安装。

95. 单位向A公司销售产品一批，取得经营收入100 000元，应缴增值税6 000元，共计106 000元，对方因资金短缺，开出银行承兑汇票一张，期限3个月，无息。

96. 接95题，单位将未到期的应收票据向银行贴现，收到资金101 000元，支付贴现息5 000元，票据面值106 000元。

97.有一笔3年以上的C企业欠款150 000元无法收回，转入待处置资产。

98.接97题，经报批，将无法收回款项150 000元予以核销。

99.收到所属独立核算的出版社上缴收入35 000元。

100. 通过政府采购购买的材料到货，总价款180 000元，其中，单位自筹资金支付90 000元，财政直接支付资金支付90 000元。材料经验收入库。

101. 接100题，单位自筹资金剩余10 000元退回，收款存入银行。

102. 所属非独立核算招待所计提本月应发职工工资。本月基本工资110 000元，津贴补贴150 000元，奖金30 000元。代扣社会保险费8 000元，个人缴存的住房公积金12 000元，个人所得税6 000元，扣款总计26 000元。实发工资264 000元。

103.所属非独立核算招待所购买被服一批，价值30 000元，直接投入使用，以银行存款支付。

104.单位接受港商捐赠的办公用品一批，办公用品没有相关凭据，参照市场上类似材料的价格估值为12 500元，发生运输费900元，以现金支付，存货已验收入库。

105.单位对库存物资进行期末盘点，盘亏对外加工（经营用）产品所用的乙物资20千克，乙物资的市场价格每千克70元，共计1 400元，该单位属于增值税一般纳税人的事业单位，乙物资所承担的增值税税率为17%。

106. 单位开出银行承兑商业汇票一张，购买自用材料一批，材料价款和增值税共计36 000元，材料验收入库。

107. 单位支付银行承兑汇票的手续费500元，由银行从单位的银行存款中直接扣除。

108. 单位接受B企业预订某项服务，预收款项60 000元，存入银行。

109. 接108题，单位向B企业提供服务，单位确认收入，并收取余款24 000元。

110. 单位向银行借入为期3年的长期借款500 000元，用于工程建设，款项已经到账。

111. 接110题，单位借入款项500 000元用于工程建设，发生利息支出10 000元，以银行存款支付。

112. 接110题，单位归还到期的长期借款500 000元，并支付当月利息5 000元，共计505 000元。

113. 单位融资租入设备一台用于教学活动，设备总价款100 000元，首付20 000元，余款80 000元在以后的年度中分2个年度分期偿付，每年度40 000元。（非财政资金）

114. 接113题，单位以银行存款支付本年度的融资租入设备应付款40 000元。

115.单位收到临时工王强的存入保证金，现金1 000元。

116.单位对外捐赠一批非自用材料，按加权平均法计算出该批材料的账面价值是20 000元，材料承担的增值税是3 400元，共计23 400元。

117.单位一次性购买了两种国债券，分别是半年期国债券100 000元、1年期国债券150 000元，以银行存款支付。购买时共发生税费250元，按所购国债券的金额比例分摊。

118.接117题，单位所购的1年期国债券为每半年支付一次利息，现收到利息4 000元，并存入银行。

119.单位收到代理银行的零余额账户用款额度到账通知，本月的授权支付额度为400 000元。

120.单位以10台设备对M企业进行长期股权投资，每台设备估值12 000元，发生评估费用2 000元，共计122 000元。该批设备的固定资产账面余额为100 000元，已计提折旧5 000元。

121.临时工王强离职，返还王强的存入保证金1 000元，以现金支付。

122.单位以一项专利技术投资到N中心做长期股权投资，该技术的评估价值为300 000元，发生评估费3 000元，以银行存款支付；该专利的无形资产账面余额100 000元，已计提摊销20 000元。

123.M企业年末分红，本单位收到分配股利6 000元，存入银行。

124. 单位欲转让M企业的长期股权投资，账面投资额122 000元，实际转让价格为100 000元。

125. 单位购入不需安装的设备1台，价款600 000元，相关税费3 000元，运输费2 000元，共计605 000元，以银行存款支付（非财政非专项资金）。

126. 单位对一栋办公楼进行改扩建，该楼的固定资产账面余额210 000元，已提折旧60 751元，转入在建工程。

127. 单位现向施工单位支付大楼的改扩建费用74 300元，以零余额账户用款额度支付。

128. 接126~127题，大楼改扩建完工，交付使用。

129. 单位无偿调出设备2台，设备的账面余额15 000元，已计提折旧4 000元，现转入待处置资产。

130. 单位盘点固定资产，盘盈甲设备1台，按类似设备的市场价格估值10 000元；盘亏乙器械2件，器械的账面余额6 000元，已计提折旧2 000元，转为待处置资产。

131. 单位收到财政拨来的“主办学术年会”专项资金150 000元，款已到账。

132. 单位为举办学术年会支付场地费用44 000元，设备租赁费5 000元，餐费30 000元，以银行存款支付。

133.单位为学术年会活动服务人员支付专家主讲费20 000元，劳务费用31 000元，以现金支付。

134.单位的协同创新中心申请的国家自然科学基金重大项目获批，收到国家自然科学基金委员会拨来的首批资金600 000元，款已到账。

135.单位利用国家自然科学基金重大项目资金购买材料一批，价款总计60 000元，以银行存款支付。

136.单位提取现金50 000元，用于支付国家自然科学基金重大项目科研人员的劳务费用。本月劳务费用共计60 000元，扣除应缴个人所得税10 000元，实付50 000元，以现金支付。

137.单位协同创新中心向仓库领用以国家自然科学基金重大项目资金购入的专项材料，价值15 000元，投入使用。

138.单位计提折旧，设备类折旧金额5 600元，建筑类折旧金额8 210元，共计13 810元。

139. 单位计提应缴房产税580元，城镇土地使用税2 100元。

140. 大学所属非独立核算招待所领用A材料一批，总价款为28 000元，用于招待所使用。

141. 计算应缴税金（650 000元的住宿收入），已知增值税税率17%，城市维护建设税税率7%，教育费附加3%，地方教育费1%，计税并记账。

142.单位从银行提取现金264 000元，用于非独立核算招待所发放职工工资。应付工资84 000元，应付地方津贴补贴150 000元，应付其他个人收入30 000元。并将代扣社会保险费8 000元、个人缴存的住房公积金12 000元和代扣代缴个人所得税6 000元缴入相关部门。

143.大学非独立核算二级学院领用B材料5箱，总价款为5 000元，用于办公使用。

144.季末，人民币汇率为100美元兑换660元人民币，调整单位的美元账户余额。本单位美元账户的余额为650 000元。

145.年末财政预算管理处会同国库管理机构、代理银行和预算单位等核定预算单位年终预算结余资金，单位收到财政部门的“预算单位年终结余资金数额通知书”，单位本年度的财政直接支付预算指标数与当年财政直接支付实际支出数的差额为250 000元，授权支付预算指标数与当年财政授权支付实际支出数的差额为100 000元，为本年结余资金。

146.大学向上级上缴管理费80 000元。

147.向附属独立核算的A单位补助资金60 000元。

148.收到附属独立核算的B单位上缴资金100 000元。

149.结转本期产品销售成本68 700元。

150.单位将本期应上缴增值税25 762元缴入国库。

151.单位将本期应上缴国库款30 000元缴入国库。

152.某事业单位通过政府采购购买设备一批，预计需要资金1 200 000元，单位自筹资金和财政预算资金各占50%的比例。将单位自筹资金600 000元汇入政府采购资金专户，以银行存款支付；实际采购价款1 100 000元，单位自筹资金支付550 000元，财政直接支付预算资金550 000元；采购的设备到货，经验收无误后，直接投入使用；剩余的单位自筹资金款项50 000元退回，并存入银行。

153.某事业单位收到所属独立核算的出版社上缴收入350 000元。

154. 某事业单位接受捐赠的材料一批，相关凭据显示其价值为46 000元，发生运输费300元，以现金支付，材料已验收入库。

155. 某事业单位以专项设备对L公司进行长期股权投资，设备评估价260 000元，发生评估费用3 000元，以银行存款支付；该设备的账面价值为210 000元，已计提折旧120 000元，固定资产账面余额330 000元。

156.某事业单位计提本月应付职工薪酬820 100元，其中，基本工资450 000元，津贴补贴330 000元，奖金40 100元；计算各种扣款：职工应交个人所得税65 000元，职工个人住房公积金39 000元，社会保险费25 000元，工会经费5 000元，扣款合计134 000元。并提取现金发放工资，以零余额账户用款额度向相关部门支付社会保险等费用。

157.单位收到代理银行的零余额账户用款额度到账通知，本月的授权支付额度为1 000 000元。

158. 单位对一栋办公楼进行改扩建，该楼的固定资产账面余额860 000元，已计提折旧94 500元，固定资产账面余额954 500元，转入在建工程。

159. 某事业单位购买入办公用品一批，价款20 000元，由零余额账户用款额度支付，并直接投入使用。

160. 某事业单位对一栋办公楼进行改扩建，该楼的账面价值3 800 000元，已计提折旧2 620 000元，账面余额6 420 000元；发生改扩建费用共计3 690 000元，以财政直接支付方式付款；大楼改扩建完工后交付使用。

161. 收到单位所属独立核算的招待所上缴的本年度管理费100 000元。

162. 计提本月应付职工薪酬820 100元，其中，基本工资450 000元，津贴补贴330 000元，奖金40 100元；并计算各种扣款：职工应交个人所得税65 000元，职工个人住房公积金39 000元，社会保险费25 000元，工会经费5 000元，扣款合计134 000元；将数据提交给财政部门，由财政直接支付，并收到财政转来的各种付款凭证。

163. 接受捐赠电脑50台，每台价值4 000元，共计200 000元。

164.单位收到从财政专户核拨的预算外资金160 000元。

165.用上年度的财政直接支付结余资金购买一项专利，总价款75 000元。

166.一笔200 000元的应收账款无法收回，转入待处置资产。经报批，予以核销。

第五篇　民间非营利组织会计练习题

一、概念题

1.民间非营利组织

2.划分费用性支出与资本性支出原则

3.存货

4.固定资产

5.其他货币资金

6.长期投资减值准备

7. 在建工程

8. 文物文化资产

9. 固定资产清理

10. 无形资产

11. 受托代理资产

12. 待摊费用

13.预提费用

14.预计负债

15.非限定性净资产

16. 限定性净资产

17. 捐赠收入

18. 会费收入

19.提供服务收入

20.管理费用

21.筹资费用

22.投资收益

23.业务活动成本

24.业务活动表

25.现金流量表

二、简述题

1.简述民间非营利组织的特点。

2.简述民间非营利组织会计的特点。

3.简述我国对民间非营利组织的一般会计规范。

4.简述民间非营利组织特殊交易或者事项的会计规范。

5.简述关于捐赠的会计处理规定。

6.简述受托代理交易的会计处理规定。

7.简述关于净资产的分类与列报规定。

8.简述关于收入的确认规定。

9.简述关于费用的确认和列报规定。

10.简述关于财务会计报告的组成和内容规定。

11.简述民间非营利组织会计核算的一般原则。

12.简述民间非营利组织资产的分类。

13.简述如何计提长期投资减值准备。

14.简述民间非营利组织如何计提坏账准备。

15.简述民间非营利组织如何计提存货跌价准备。

16.简述民间非营利组织固定资产的特征。

17.简述民间非营利组织计提累计折旧的规定。

18.简述民间非营利组织的收入类型。

19.简述民间非营利组织的费用类型。

20.简述民间非营利组织年终清理结算的主要事项。

21.简述民间非营利组织会计报表的类型。

22.简述民间非营利组织的会计报表附注应当披露的内容。

三、会计分录题

省红十字会2017年发生以下业务：

1.为会员小李报销差旅费3 200元，原预借款3 000元，超支的200元以现金支付。

2. 提取4月份折旧额，行政管理用固定资产折旧832元，生产用固定资产折旧1 235元。

3. 5月初从银行提出现金3 000元，开出现金支票。

4. 5月底收到市一房地产企业的现金捐助款8 000元，存入银行。

5.5月末计算得出，本月应交房产税50元，城镇土地使用税28元。

6.收到省一酿酒厂的抗灾捐款200 000元，存入银行。

7.6月初为购买救灾物资，向建设银行借入1年期短期借款200 000元，年利率5%，每月支付利息费用1 000元，1年期到期后本息一次性偿付。

8.购买价值150 000元的衣物送往贫困山区，以银行存款支付价款。

9.7月收到银行存款通知单，本月红十字会的银行存款利息收入为800元，其中，一般账户利息收入为280元，扩建仓库的专款账户收入520元。

10.8月用150美元购入办公用品，已验收入库。该笔美元的账面兑换率为1：6.9。

11. 向工商银行借入短期借款35 000美元，当日美元与人民币的兑换率为1∶6.7。

12. 按照1∶6.8的市场汇率卖出15 000美元，该笔外汇的账面价值为100 000元，汇兑收益2 000元记入“筹资费用”科目借方。

13. 用银行汇票购买运输车一辆，价款130 000元，运输车已投入使用。

14. 按照规定将60 000元的款项存入工商银行，取得工商银行的“法人贵宾信用卡”。

15. 用银行本票购买一批白纸，价款为54 000元，已验收入库。

16. 将320 000元的保证金存入建设银行，取得建设银行的信用证。

17.8月购买一批办公桌，价款为230 000元，以银行信用证支付价款。

18.存入正大证券公司180 000元，作为股票投资资金。

19.用预先存入证券公司的资金买入A股股票800股，每股19.67元，金额总计15 736元。

20.购入国债，债券款89 000元，其中包括已到付息期但尚未领取的债券利息4 000元，并以银行存款交纳证券交易税2 690元，手续费380元，共计92 070元。

21.接受安仁公司捐赠的股票400股，每股市值约为35元。

22.收到投资的永达公司发放的利息2 000元，存入银行。

23. 收回到期的凭证式国债，本息共计62 590元，该债券账面余额54 000元，已计提的减值准备3 200元，差额11 790元记入投资收益科目。

24. 出售购入的B股股票，本息共计82 500元，该股票账面余额77 000元，已计提的减值准备2 600元，差额8 100元记入投资收益科目。

25. 购买L集团发行的公司债券62 000元，支付相关手续费350元。

26. 接受A集团的股票500股，每股90元，支付相关手续费280元。

27. 收到所投资的世达集团发放的股票现金股利2 000元，存入银行。

28. 出售持有的宏安公司债券，账面价值49 300元，取得本息收入53 000元，该笔债券已计提长期投资减值准备900元。

29.将富林公司所捐赠的股票400股转为长期投资，该笔股票的当前市值约为每股34元，账面价值为每股38元，已计提相关短期投资跌价准备1 300元。

30.买进一笔国债券，包括税金、手续费等相关费用在内共计65 000元，其中，尚有已到付息日但尚未领取的债券利息2 300元，以银行存款支付。

31.购进到期一次还本付息债券，当年应得利息为2 000元。该债券的初始投资成本82 500元，债券面值为80 300元，本年应当分摊的金额为400元。

32. 因急需资金，将尚未到期的国债券出售，取得款项78 000元。该债券的账面价值为76 900元，未计提长期投资减值准备。

33. 将一笔账面价值为68 000元的短期债券投资转为长期投资，该笔债券的市值为79 300元，已计提短期投资跌价准备630元。

34. 购买的圣文公司价值59 000元的债券，由于公司经营管理不善只能收回13 000元，该债券已计提长期投资减值准备18 530元。

35. 收回到期的长期债权投资，本息共计29 900元，该债券的账面价值为28 300元，已计提长期投资减值准备600元。

36. 将对外提供服务取得的商业汇票到期前贴现给工商银行，获得资金30 500元，贴现息为2 100元。

37. 收到的瑞泽公司的应收票据为带息票据，年末，该票据本年应得利息为2 300元，增加应收票据的账面余额。

38. 以48 000元购入翔安公司股票，已宣告但尚未领取的现金股利1 900元。

39. 购进一台专用采血车，总价款78 000元，之前预付款36 000元，余款42 000元以银行存款支付。

40. 购进一批帐篷，采购价款14 000元，增值税2 380元，运费580元，共计16 960元，以银行存款支付。

41. 支付9月份职工工资，总计31 925元，代扣个人所得税1 237元。

42.9月末，预提短期借款利息700元，长期借款1 035元。

43.10月，办公室领用打印纸一批，采用先进先出法计价，该批打印纸的价值为800元。

44. 自行建筑一栋办公大楼，建筑期间共发生各项支出总计38 935 100元，已交付使用。

45. 融资租入平泰公司运输车2台，租赁协议价200 000元，分5年偿还。

46. 报废一台无法使用的运输车，该运输车的账面价值650 000元，已计提折旧639 350元。

47.接受金达计算机软件公司捐赠的正版办公软件，市值50 000元。

48.接受会员李哲的委托，受托代理一辆商务车，确认价值为800 000元。

49.10月初向供暖公司交纳取暖费30 000元，取暖期为5个月。

50. 为鼓励社会各界的爱心行为举办一台慈善晚会，应支付表演人员劳务费2 000元，暂欠。

51. 为市级红十字会提供贷款担保500 000元，因市级红十字会资金紧张，贷款成为省红十字会的预计负债，并已确认。

52. 本年共收入有限定用途的捐赠收入350 000元，政府补助收入250 000元，转入限定性净资产科目。

53.本年发现，去年收到的捐赠收入280 000元中有19 000元是捐赠人直接捐给贵州山区卫生所的，已调整账目。

54.接受昌盛公司捐赠的要求，送往四川山区希望小学的教材一批，价值54 000元。

55.受成大公司邀请，为其提供展板和展报服务，取得服务收入80 000元，收到银行存款60 000元，另外20 000元暂欠。

56. 由于无法达到省政府补助条件要求，退还政府补助收入150 000元。

57.10月，向胜达公司销售自产货物一批，取得商品销售收入50 000元，向对方收取增值税8 500元，该批货物是由限定性资产加工生产的，属限定性商品销售收入，货款尚未收到。该批商品的销售成本为39 000元，省红十字会为增值税一般纳税人。

58.11月，因急需资金，向胜达公司支付现金折扣8 500元，实际收回资金50 000元，存入银行。

59.收回持有的荣泰公司的短期债券本金120 000元，利息5 300元，已提短期投资跌价准备2 700元。

60.出售持有的百盛股份公司股票6 000股，其中包括已宣告发放但尚未领取的股利5 300元，共得款项68 000元。该股票的账面价值64 000元，已提长期投资减值准备4 700元。

61.持有贵成股份公司的股票4 000股（实行权益法核算），账面价值40 000元，年末，由于公司业绩好，股票市值涨至每股11元，即所持股票市值为44 000元，调整长期股权投资账面价值。

62. 持有林润公司分期付息到期还本的债券面值为80 000元，年利率4%，该笔债券购入时初始投资成本低于债券面值12 000元，4年后到期，每年分摊的金额3 000元。

63. 出售持有的富源公司的债券，取得价款131 000元，该债券已计提减值准备3 600元，长期债券投资的账面余额111 000元，未领取的现金股利8 000元。

64. 出售一项徽标设计的专利技术，取得款项32 000元，该项资产的账面价值27 000元。

65. 所欠巨力公司8 000元的欠款，因巨力公司破产倒闭转为其他收入。

66. 处置运输车一辆，账面价值59 000元，已提折旧52 800元，发生清理费用310元，以现金支付，变价收入32 000元，存入银行。

67. 年末，所投资的B股股票市价为79 000元，比账面价值82 100元低3 100元，计提短期投资跌价准备。

68. 年末，投资的A股股票市价为91 000元，比账面价值85 000元高6 000元，在原已计提跌价准备的范围内冲转短期投资跌价准备6 000元。

69. 年末，依据永安集团公司的财务报告，永安集团公司的对外发行股票每股股值净增4元，红十字会所持股票可净增2 000元，省红十字会对长期投资实行权益核算法。

70.年末，所持的维那公司股票市值为85 000元，比其账面价值68 000元高17 000元，该股票已计提长期投资减值准备6 000元，转回已计提的长期投资减值准备。

71.年末，对应收账款进行全面检查，计提坏账准备12 800元。有一笔金额为3 530元的应收账款无法收回，报经批准后予以转销。

72.年末，依据应收账款、其他应收款等账户余额，冲减已计提坏账准备2 600元。

73.年末，对社会捐赠的文物文化资产进行盘点，发现盘亏一件账面价值为120 000元的清代书法家的书法作品，须确认过失人并要求赔偿。

74.年末，将“商品销售收入——限定性收入”科目贷方余额20 900元转入“限定性净资产”科目贷方，将“商品销售收入——非限定性收入”科目贷方余额60 800元转入“非限定性净资产”科目贷方。

第二部分

练习题参考答案

第一篇　导论练习题参考答案

一、概念题参考答案

1.政府与非营利组织会计是核算反映不以营利为目的的政府与非营利组织经济活动的专业会计。

2.会计要素又称会计报表要素，是对会计对象的基本分类。

3.所谓平行登记是指将会计凭证所反映的经济内容，如凭证的日期、编号、业务内容摘要、金额等逐项记入有关的总账账户和其所属的明细账户。

二、简述题参考答案

1.在我国，非营利组织会计主要包括四个部分：核算政府预算资金管理情况的财政总预算会计；核算以财政预算资金为主要来源、以实现政府职能为主要目的的行政单位会计；核算为满足公共事业需要而设置、由政府提供资金支持的事业单位会计；核算各种社会团体、民间非企业单位、宗教团体等不以营利为目的的民间非营利组织会计。

2.西方的非营利组织会计的特征类似于我国的预算会计，但在会计管理体制上存在明显差别。西方国家，如美国，非营利组织会计由两个部分构成：政府会计和非政府支配的非营利组织会计。

西方的预算会计是专门核算政府预算指标及其变化情况的专业会计，即记录经过议会审批的政府预算指标及其变化情况，类似于我国的预算指标管理。在我国，经人大批准的政府预算指标、预算资金拨付、预算追加追减等预算指标变化情况的管理，是在财政部门内部由有关人员通过管理软件或简易账簿进行记录管理，类似于会计上的备查簿。

3.政府与非营利组织会计的核算方法是完成政府与非营利组织会计任务的基本手段，包括：设置会计科目、确定记账方法、填制审核会计凭证、登记会计账簿和编制会计报表等。它们之间既相互联系、相互补充、相互制约，又各自独立发挥不同的作用，从而构成一个完整的会计核算体系。

第二篇　财政总预算会计练习题参考答案

一、概念题参考答案

1.财政总预算会计是各级政府财政核算、反映、监督政府一般公共预算资金、政府性基金预算资金、国有资本经营预算资金、社会保险基金预算资金以及财政专户管理资金、专用基金和代管资金等资金活动的专业会计。

2.财政总预算会计的会计核算一般采用收付实现制，以资金收到或付出为标准，来记录收入的实现和费用的发生。

3.财政总预算会计的会计核算一般采用收付实现制，部分经济业务或者事项应当按照规定采用权责发生制核算。权责发生制是以资金应收到或应付出为标准，来记录收入的实现和费用的发生。

4.财政性存款是指政府财政部门代表政府管理的国库存款、国库现金管理存款和其他财政存款等。财政性存款的支配权属于同级政府财政部门，并由总会计负责管理，统一在国库或选定的银行开立存款账户，统一收付，不得透支，不得提取现金。

5.预拨经费是指政府财政在年度预算执行中预拨出应在以后各月列支以及会计年度终了前根据“二上”预算预拨出的下年度预算资金。

6.应收转贷款是指政府财政将借入的资金转贷给下级政府财政的款项，包括应收地方政府债券转贷款、应收主权外债转贷款等。

7.待发国债是指为弥补中央财政预算收支差额，中央财政预计发行国债与实际发行国债之间的差额。

8.已结报支出为政府财政国库支付执行机构已清算的国库集中支付支出数额。

9.应付转贷款是指地方政府财政向上级政府财政借入转贷资金而形成的负债，包括应付地方政府债券转贷款和应付主权外债转贷款等。

10.应付代管资金是指政府财政代为管理的，使用权属于被代管主体的资金。

11.预算稳定调节基金是指政府财政安排用于弥补以后年度预算资金不足的储备资金。

12.预算周转金是指政府财政为调剂预算年度内季节性收支差额，保证及时用款而设置的库款周转资金。

13.资产基金是指政府财政持有的债权和股权投资等资产（与其相关的资金收支纳入预算管理）在净资产中占用的金额。

14.财政专户管理资金收入是指政府财政纳入财政专户管理的教育收费等资金收入。

15.地区间援助收入是指受援方政府财政收到援助方政府财政转来的可统筹使用的各类援助、捐赠等资金收入。

16.调入资金是指政府财政为平衡某类预算收支，从其他类型预算资金及其他渠道调入的资金。

17.债务转贷收入是指本级政府财政收到上级政府财政转贷的债务收入。

18.一般公共预算本级支出是指政府财政管理的由本级政府使用的列入一般公共预算的支出。

19.政府性基金预算本级支出是指政府财政管理的由本级政府使用的列入政府性基金预算的支出。

20.国有资本经营预算本级支出是指政府财政管理的由本级政府使用的列入国有资本经营预算的支出。

21.财政预算管理部门要在年终清理的基础上，于次年元月底前结清上下级政府财政的转移支付收支和往来款项。总会计要按照财政管理体制的规定，根据预算结算单，与年度预算执行过程中已补助和已上解数额进行比较，结合往来款和借垫款情况，计算出全年最后应补或应退数额，填制“年终财政决算结算单”，经核对无误后，作为年终财政结算凭证，据以入账。在某种意义上，年终结算也是财政总预算会计在编制决算前的一项特殊的年终清理工作。

22.一般公共预算执行情况表是反映政府财政在某一会计期间一般公共预算收支执行结果的报表，按照《政府收支分类科目》中“一般公共预算收支科目”列示。

23.附注是指对在会计报表中列示项目的文字描述或明细资料，以及对未能在会计报表中列示项目的说明。

二、简述题参考答案

1.财政总预算会计的会计主体为各级政府，包括中央，省、自治区、直辖市，设区的市、自治州，县、自治县、不设区的市、市辖区，乡、民族乡、镇等各级政府财政部门的总会计。

2.财政总预算会计的工作任务主要包括：(1) 进行会计核算。(2) 严格财政资金收付调度管理。(3) 规范账户管理。(4) 实行会计监督，参与预算管理。(5) 协调预算收入征收部门、国家金库、国库集中收付代理银行、财政专户开户银行和其他有关部门之间的业务关系。(6) 组织本地区财政总决算、部门决算编审和汇总工作。(7) 组织和指导下级政府总会计工作。

3.《财政总预算会计制度》对总会计信息质量的要求如下：(1) 总会计应当以实际发生的经济业务或者事项为依据进行会计核算。(2) 总会计提供的会计信息应当与政府财政受托责任履行情况的反映，会计信息使用者的监督、决策和管理需要相关。(3) 总会计对于已经发生的经济业务或者事项，应当及时进行会计核算。(4) 总会计提供的会计信息应当具有可比性。(5) 总会计提供的会计信息应当清晰明了，便于会计信息使用者理解和使用。

4.财政总预算会计应当按照下列原则设置运用会计科目：(1) 各级总会计应当对有关法律、法规允许进行的经济活动，按照《财政总预算会计制度》的规定使用会计科目进行核算。(2) 各级总会计应当按照制度的规定设置和使用会计科目，不需使用的总账科目可以不用。(3) 各级总会计应当使用本制度统一规定的会计科目编号，不得随意打乱重编。

5.依据业务性质，财政总预算会计核算的资产具体包括财政性存款、有价证券、应收股利、借出款项、暂付及应收款项、预拨经费、应收转贷款和股权投资等。

6.财政总预算会计对符合资产定义的经济资源，应当在取得对其相关的权利，并且能够可靠地进行货币计量时确认。符合资产定义并确认的资产项目，应当列入资产负债表，应当按照取得或发生时的实际金额进行计量。

7.预拨经费是指政府财政在年度预算执行中预拨出应在以后各月列支以及会计年度终了前根据“二上”预算预拨出的下年度预算资金。预拨经费（不含预拨下年度预算资金）应在年终前转列支出或清理收回。

8.负债是指政府财政承担的能以货币计量、需以资产偿付的债务。总会计核算的负债具体包括：应付短期政府债券、应付国库集中支付结余、暂收及应付款项、其他负债、应付长期政府债券、借入款项、应付转贷款、应付代管资金等。

9.应付政府债券包括应付短期政府债券和应付长期政府债券，分别通过设置“应付短期政府债券”和“应付长期政府债券”科目核算。

10.应付国库集中支付结余是指国库集中支付中，按照财政部门批复的部门预算，当年未支而需结转下一年度支付的款项采用权责发生制列支后形成的债务，通过“应付国库集中支付结余”科目核算。

11.总会计核算的净资产包括一般公共预算结转结余、政府性基金预算结转结余、国有资本经营预算结转结余、财政专户管理资金结余、专用基金结余、预算稳定调节基金、预算周转金、资产基金和待偿债净资产。

12.一般公共预算结转结余是指一般公共预算收支的执行结果，通过“一般公共预算结转结余”科目核算。

13.政府性基金预算结转结余是指政府性基金预算收支的执行结果。通过“政府性基金预算结转结余”科目核算。

14.国有资本经营预算结转结余是指国有资本经营预算收支的执行结果，通过“国有资本经营预算结转结余”科目核算。

15.预算周转金是指政府财政为调剂预算年度内季节性收支差额，保证及时用款而设置的库款周转资金，通过“预算周转金”科目核算。

16.总会计核算的收入包括一般公共预算本级收入、政府性基金预算本级收入、国有资本经营预算本级收入、财政专户管理资金收入、专用基金收入、补助收入、上解收入、地区间援助收入、调入资金、动用预算稳定调节基金、债务收入、债务转贷收入等。依据收入的性质，我们将收入划分为基本预算收入、其他收入、转移性收入和债务收入四大类。

17.一般公共预算本级收入、政府性基金预算本级收入、国有资本经营预算本级收入、财政专户管理资金收入和专用基金收入应当按照实际收到的金额入账。补助收入、上解收入、地区间援助收入、调入资金、动用预算稳定调节基金应当按照财政体制的规定或实际发生的金额入账。债务收入应当按照实际发行额或借入的金额入账。债务转贷收入应当按照实际收到的转贷金额入账。

已建乡（镇）国库的地区，乡（镇）财政的本级收入以乡（镇）国库收到数为准。县（含县本级）以上各级财政的各项预算收入（含固定收入与共享收入）以缴入基层国库数额为准。

未建乡（镇）国库的地区，乡（镇）财政的本级收入以乡（镇）总会计收到县级财政返回数额为准。

18.一般公共预算本级收入是指政府财政筹集的纳入本级一般公共预算管理的税收收入和非税收入，通过“一般公共预算本级收入”科目核算。

19.调拨收入是指在各级政府财政之间进行资金调拨以及在本级政府财政不同类型资金之间调剂所形成的收入，包括补助收入、上解收入、调入资金和地区间援助收入等。通过“补助收入”“上解收入”“调入资金”“地区间援助收入”等科目核算。

20.总会计核算的支出包括一般公共预算本级支出、政府性基金预算本级支出、国有资本经营预算本级支出、财政专户管理资金支出、专用基金支出、补助支出、上解支出、地区间援助支出、调出资金、安排预算稳定调节基金、债务还本支出、债务转贷支出等。

21.一般公共预算本级支出、政府性基金预算本级支出、国有资本经营预算本级支出一般应当按照实际支付的金额入账，年末可采用权责发生制将国库集中支付结余列支入账。从本级预算支出中安排提取的专用基金，按照实际提取金额列支入账。财政专户管理资金支出、专用基金支出应当按照实际支付的金额入账。补助支出、上解支出、地区间援助支出、调出资金、安排预算稳定调节基金应当按照财政体制的规定或实际发生的金额入账。债务还本支出应当按照实际偿还的金额入账。债务转贷支出应当按照实际转贷的金额入账。

22.总会计应当加强支出管理，科学预测和调度资金，严格按照批准的年度预算和用款计划办理支出，严格审核拨付申请，严格按预算管理规定和拨付实际列报支出，不得办理无预算、无用款计划、超预算、超用款计划的支出，不得任意调整预算支出科目。

对于各项支出的账务处理必须以审核无误的国库划款清算凭证、资金支付凭证和其他合法凭证为依据。

地方各级财政部门除国库集中支付结余外，不得采用权责发生制列支。权责发生制列支只限于年末采用，平时不得采用。

23.财政总预算年终清理结算的主要事项：（1）核对年度预算。（2）清理本年预算收支。（3）组织征收部门和国家金库进行年度对账。（4）清理核对当年拨款支出。（5）核实股权、债权和债务。（6）清理往来款项。（7）进行年终财政结算。

24.财政总预算会计编制会计报表应当遵循如下规定：（1）一般公共预算执行情况表、政府性基金预算执行情况表、国有资本经营预算执行情况表应当按旬、月度和年度编制，财政专户管理资金收支情况表和专用基金收支情况表应当按月度和年度编制，收入支出表按月度和年度编制，资产负债表和附注应当至少按年度编制。（2）总会计应当根据《财政总预算会计制度》编制并提供真实、完整的会计报表，切实做到账表一致，不得估列代编，弄虚作假。（3）总会计要严格按照统一规定的种类、格式、内容、计算方法和编制口径填制会计报表，以保证全国统一汇总和分析。汇总报表的单位，要把所属单位的报表汇集齐全，防止漏报。

25.资产负债表是反映政府财政在某一特定日期财务状况的报表。资产负债表应当按照资产、负债和净资产分类、分项列示。

26.收入支出表是反映政府财政在某一会计期间各类财政资金收、支、余情况的报表。收入支出表根据资金性质按照收入、支出、结转结余的构成分类、分项列示。

27.总会计报表附注应当至少披露下列内容：（1）遵循《财政总预

算会计制度》的声明。(2)本级政府财政预算执行情况和财务状况的说明。(3)会计报表中列示的重要项目的进一步说明，包括其主要构成、增减变动情况等。(4)或有负债情况的说明。(5)有助于理解和分析会计报表的其他需要说明的事项。

28.财政总预算会计年度报表，反映年度预算收支的最终结果和财务状况。总会计参与或具体负责组织下列决算草案编审工作：(1)参与组织制定决算草案编审办法。(2)根据上级政府财政的要求，结合本行政区域的具体情况制定本行政区域政府财政总决算统一表格。(3)办理全年各项收支、预拨款项、往来款项等会计对账、结账工作。(4)对下级政府财政布置决算草案编审工作，指导、督促其及时汇总报送决算。(5)审核、汇总所属财政部门总决算草案，向上级政府财政部门报送本辖区汇总的财政总决算草案。(6)编制决算说明和决算分析报告，向上级政府财政汇报决算编审工作情况，进行上下级政府财政之间的财政体制结算以及财政总决算的文件归档工作。(7)各级政府财政应将汇总编制的本级决算草案及时报本级政府审定。

三、会计分录题参考答案

1.借：国库存款　　50 000
　　贷：一般公共预算本级收入　　50 000

2.借：国库存款　　250 000
　　贷：政府性基金预算本级收入　　250 000

3.借：政府性基金预算本级支出　　5 000 000
　　贷：国库存款　　5 000 000

4.借：国库现金管理存款　　1 000 000 000
　　贷：国库存款　　1 000 000 000

5.借：其他财政存款　　160
　　贷：应付代管资金　　160

6.国库集中支付机构：

借：一般公共预算本级支出　　610 000
　　贷：财政零余额账户存款　　610 000

财政总预算会计：

借：一般公共预算本级支出　　610 000
　贷：国库存款　　610 000

7. 在上年度账上记：

借：在途款　　120 000
　贷：政府性基金预算本级收入　　120 000

在本年度新账上记：

借：国库存款　　120 000
　贷：在途款　　120 000

8.

借：应收股利　　300 000
　贷：资产基金——应收股利　　300 000

借：资产基金——股权投资　　300 000
　贷：股权投资（损益调整）　　300 000

9. 借：借出款项——教育局　　600 000
　贷：国库存款　　600 000

10. 借：国库存款　　270 000
　贷：与下级往来——甲县　　270 000

11. 借：其他应收款　　200 000 000
　贷：其他财政存款　　200 000 000

12. 借：债务转贷支出　　5 000 000 000
　贷：国库存款　　5 000 000 000

借：应收地方政府债券转贷款——应收地方政府专项债券转贷款——应收本金——L市　　5 000 000 000
　贷：资产基金——应收地方政府债券转贷款　　5 000 000 000

13. 借：债务转贷支出　　11 000 000 000
　贷：其他财政存款　　11 000 000 000

借：应收主权外债转贷款——应收本金——N市　　11 000 000 000
　贷：资产基金——应收主权外债转贷款　　11 000 000 000

14. 借：一般公共预算本级支出　　200 000 000
　贷：国库存款　　200 000 000

借：股权投资——投资基金股权投资——投资成本

200 000 000

贷：资产基金——股权投资　　200 000 000

15.借：国库存款　　1 000 000 000

贷：债务收入　　1 000 000 000

借：待偿债净资产——应付短期政府债券

1 000 000 000

贷：应付短期政府债券——应付地方政府一般债券——应付本金

1 000 000 000

16.借：待偿债净资产——应付短期政府债券　　4 000 000

贷：应付短期政府债券——应付地方政府一般债券

——应付利息　　4 000 000

17.借：一般公共预算本级支出　　90 000 000

贷：应付国库集中支付结余——人大　　40 000 000

——发改委　　50 000 000

18.借：应付国库集中支付结余——人大　　30 000

贷：国库存款　　30 000

19.借：国库存款　　300 000

贷：与上级往来　　300 000

20.借：国库存款　　50 000

贷：其他应付款　　50 000

21.借：债务还本支出　　1 200 000 000

一般公共预算本级支出　　80 000 000

贷：国库存款　　1 280 000 000

借：应付长期政府债券——应付地方政府一般债券——应付本金

1 200 000 000

——应付利息　　80 000 000

贷：待偿债净资产——应付长期政府债券　　1 280 000 000

22.借：其他财政存款　　15 000 000 000

贷：债务收入　　15 000 000 000

借：待偿债净资产——借入款项　　15 000 000 000

贷：借入款项——应付本金 15 000 000 000

23.借：待偿债净资产——借入款项 210 000

贷：借入款项——应付利息 210 000

24.借：债务还本支出 1 000 000 000

贷：债务收入 1 000 000 000

借：待偿债净资产——应付长期政府债券 1 000 000 000

贷：应付长期政府债券——应付地方政府专项债券——应付本金 1 000 000 000

25.借：其他财政存款 20 000 000

贷：应付代管资金 20 000 000

26.借：一般公共预算本级收入 520 000

补助收入——一般公共预算补助收入 160 000

上解收入——一般公共预算上解收入 80 000

地区间援助收入 50 000

调入资金——一般公共预算调入资金 40 000

债务转贷收入——地方政府一般债务转贷收入 250 000

动用预算稳定调节基金 60 000

贷：一般公共预算结转结余 1 160 000

27.借：政府性基金预算结转结余 571 920 000

贷：政府性基金预算本级支出 286 420 000

上解支出——政府性基金预算上解支出 4 000 000

补助支出——政府性基金预算补助支出 1 500 000

调出资金——政府性基金预算调出资金 100 000 000

债务还本支出——专项债务还本支出 150 000 000

债务转贷支出——地方政府专项债务转贷支出 30 000 000

28.借：国有资本经营预算结转结余 115 000 000

贷：国有资本经营预算本级支出 65 000 000

调出资金——国有资本经营预算调出资金 50 000 000

29.借：财政专户管理资金收入　110 000
　　贷：财政专户管理资金结余　110 000
30.借：专用基金结余　5 000 000
　　贷：专用基金支出　5 000 000
31.借：预算周转金　50 000 000
　　贷：预算稳定调节基金　50 000 000
32.借：预算周转金　2 000 000
　　贷：预算稳定调节基金　2 000 000
33.借：国库存款　30 000
　　贷：一般公共预算本级收入　30 000
34.借：国库存款　6 000 000
　　贷：政府性基金预算本级收入　6 000 000
35.借：国库存款　20 000
　　贷：国有资本经营预算本级收入　20 000
36.借：其他财政存款　10 000
　　贷：财政专户管理资金收入　10 000
37.借：专用基金收入　5 000 000
　　贷：专用基金结余　5 000 000
38.借：国库存款　200 000
　　贷：补助收入——一般公共预算补助收入　200 000
39.借：上解收入——一般公共预算上解收入　3 100 000
　　贷：一般公共预算结转结余　3 100 000
借：上解收入——政府性基金预算上解收入　1 100 000
　贷：政府性基金预算结转结余　1 100 000
40.借：调出资金——一般公共预算调出资金　5 300 000
　　贷：调入资金——政府性基金预算调入资金　5 300 000
41.借：预算稳定调节基金　18 000 000
　　贷：动用预算稳定调节基金　18 000 000
42.借：其他财政存款　3 000 000 000
　　贷：债务收入　3 000 000 000
借：待偿债净资产——借入款项　3 000 000 000

贷：借入款项——应付本金　　3 000 000 000

43.L市：

借：债务转贷支出　　1 500 000 000

贷：债务转贷收入　　1 500 000 000

借：应收主权外债转贷款——应收本金——Z县

1 500 000 000

贷：资产基金——应收主权外债转贷款　　1 500 000 000

借：待偿债净资产——应付主权外债转贷款

1 500 000 000

贷：应付主权外债转贷款——应付本金　　1 500 000 000

Z县：

借：一般公共预算本级支出　　1 500 000 000

贷：债务转贷收入　　1 500 000 000

借：待偿债净资产——应付主权外债转贷款

1 500 000 000

贷：应付主权外债转贷款——应付本金　　1 500 000 000

44.借：政府性基金预算本级支出　　100 000

贷：国库存款　　100 000

45.借：政府性基金预算本级支出　　29 000 0000

贷：应付国库集中支付结余——环保局　　130 000 000

——房管局　　160 000 000

46.借：国有资本经营预算本级支出——教育支出

——国有资本经营预算本级支出——国企改革遗留问题

50 000 000

贷：国库存款　　50 000 000

47.借：财政专户管理资金支出　　800 000

贷：其他财政存款　　800 000

48.借：专用基金支出——粮食风险基金　　2 000 000

贷：其他财政存款　　2 000 000

49.L市：

借：补助支出——Z县　　300 000

贷：与下级往来——Z县 300 000

Z县：

借：与上级往来 300 000

贷：补助收入 300 000

50.借：一般公共预算结转结余 80 000 000

贷：上解支出——一般公共预算上解支出 80 000 000

借：政府性基金预算结转结余 50 000 000

贷：上解支出——政府性基金预算上解支出 50 000 000

51.借：地区间援助支出 100 000 000

贷：国库存款 100 000 000

52.借：调出资金——政府性基金预算调出资金 200 000

贷：调入资金——一般公共预算调入资金 200 000

53.借：安排预算稳定调节基金 5 600 000

贷：预算稳定调节基金 5 600 000

54.N省：

借：债务转贷支出 50 0000 000

贷：债务收入 500 000 000

借：待偿债净资产——借入款项 500 000 000

贷：借入款项——应付本金 500 000 000

L市：

借：一般公共预算本级支出 500 000 000

贷：债务转贷收入 500 000 000

借：待偿债净资产——应付主权外债转贷款

500 000 000

贷：应付主权外债转贷款——应付本金 500 000 000

55.借：债务还本支出 500 000 000

一般公共预算本级支出 20 000 000

贷：国库存款 520 000 000

借：应付短期政府债券——应付地方政府一般债券——应付本金

500 000 000

——应付利息 20 000 000

贷：待偿债净资产——应付短期政府债券　520 000 000

56.借：国库存款　610 000

贷：基金预算本级收入　610 000

57.中央：

借：国库存款　6 100 000 000

贷：债务收入　6 100 000 000

借：应收主权外债转贷款　1 100 000 000

贷：国库存款　1 100 000 000

M省：

借：国库存款　1 100 000 000

贷：应付主权外债转贷款　1 100 000 000

58.借：一般公共预算本级支出　610 000

贷：国库存款　610 000

59.市财政

借：与下级往来　2 000 000

贷：上解收入　2 000 000

甲县：

借：上解支出　2 000 000

贷：与上级往来　2 000 000

60.借：其他财政存款　160

贷：应付代管资金　160

61.市财政：

借：一般公共预算本级支出　3 386 000

贷：应付国库集中支付结余——文化局——财政直接支付

519 000

——财政授权支付　300 000

——黄海大学——财政直接支付

1 767 000

——财政授权支付　800 000

文化局：

借：财政应返还额度——财政直接支付　519 000

借：财政应返还额度——财政授权支付　　300 000
　贷：财政拨款收入——财政直接支付　　519 000
　　　　　　　　——财政授权支付　　300 000

黄海大学：

借：财政应返还额度——财政直接支付　　1 767 000
　　　　　　　　——财政授权支付　　800 000
　贷：财政补助收入——财政直接支付　　1 767 000
　　　　　　　　——财政授权支付　　800 000

62.上年度：

借：在途款　　160 000
　贷：国有资本经营预算本级收入　　160 000

本年度：

借：国库存款　　160 000
　贷：在途款　　160 000

63.借：股权投资　　200 000 000
　　贷：资产基金——股权投资　　200 000 000

借：一般公共预算本级支出　　200 000 000
　贷：国库存款　　200 000 000

64.借：国库存款　　300 000
　　贷：政府性基金预算本级收入　　300 000

65.借：财政专户管理资金支出　　600 000
　　贷：其他财政存款　　600 000

66.省财政：

借：补助支出　　100 000 000
　贷：国库存款　　100 000 000

D市：

借：国库存款　　100 000 000
　贷：补助收入　　100 000 000

67.借：国库存款　　50 000
　　贷：其他应付款　　50 000

68.借：其他财政存款　　1 500 000 000

　　贷：专用基金收入　　1 500 000 000

借：一般公共预算本级支出　　1 500 000 000

　贷：国库存款　　1 500 000 000

69.中央财政：

借：国库存款　　20 000 000 000

　贷：债务收入　　20 000 000 000

借：待偿债净资产——借入款项　　20 000 000 000

　贷：借入款项　　20 000 000 000

借：债务转贷支出　　5 000 000 000

　贷：国库存款　　5 000 000 000

借：应收地方政府债券转贷款　　5 000 000 000

　贷：资产基金——应收地方政府债券转贷款　　5 000 000 000

G省财政：

借：国库存款　　5 000 000 000

　贷：债务转贷收入　　5 000 000 000

借：待偿债净资产——应付地方政府债券转贷款

5 000 000 000

　贷：应付地方政府债券转贷款　　5 000 000 000

第三篇 行政单位会计练习题参考答案

一、概念题参考答案

1. 行政单位是代表政府行使政府权力的机构，是进行国家行政管理、组织经济建设和文化建设、维护社会公共秩序的单位，主要包括国家权力机关、行政机关、司法机关、检察机关等。

2. 向同级财政部门申报预算的行政单位，为一级预算单位。

3. 同一行政单位不同时期发生的相同或者相似的经济业务或者事项，应当采用一致的会计政策，不得随意变更。确需变更的，应当将变更的内容、理由和对单位财务状况、预算执行情况的影响在附注中予以说明。

4. 国库集中支付有财政直接支付和财政授权支付两种方式，行政单位的零余额账户是在财政授权支付方式下使用的，适用于未实行财政直接支付的购买支出和零星支出之需。

5. 政府储备物资是指行政单位直接储存管理的各项政府应急或救灾储备物资。

6. 受托代理资产是指行政单位接受委托方委托管理的各项资产，包括受托指定转赠的物资、受托储存管理的物资等。

7. 财政拨款结转是指行政单位当年预算已执行但尚未完成，或因故未执行，下一年度需要按照原用途继续使用的财政拨款滚存资金。

8. 财政拨款结余是指行政单位当年预算工作目标已完成，或因故终止，剩余的财政拨款滚存资金。

9. 资产基金是指行政单位的非货币性资产在净资产中占用的金额。

10. 待偿债净资产是指行政单位因发生应付账款和长期应付款而相

应需在净资产中冲减的金额。

11.财政拨款收入是指行政单位从同级财政部门取得的财政预算资金。

12.经费支出是行政单位最基础的支出活动。

13.拨出经费是行政单位向所属单位拨出的纳入单位预算管理的非同级财政拨款资金，如拨给所属单位的专项经费和补助经费等。

14.财务报表是反映行政单位财务状况和预算执行结果等的书面文件，由会计报表及其附注构成。

15.收入支出表是反映行政单位在某一会计期间全部预算收支执行结果的报表。收入支出表应当按照收入、支出的构成和结转结余情况分类、分项列示。

二、简述题参考答案

1.行政单位会计的特点如下：（1）收入来源单一。（2）行政单位会计核算一般采用收付实现制，特殊经济业务和事项应当按照《行政单位会计制度》的规定采用权责发生制核算。（3）会计核算内容及方法有其特殊性。

2.行政单位财务管理的主要任务是：（1）科学、合理编制预算，严格执行预算，完整、准确、及时编制决算，真实反映单位财务状况。（2）建立健全财务管理制度，实施预算绩效管理，加强对行政单位财务活动的控制和监督。（3）加强资产管理，合理配置、有效利用、规范处置资产，防止国有资产流失。（4）定期编制财务报告，进行财务活动分析。（5）对行政单位所属并归口行政财务管理的单位的财务活动实施指导、监督。（6）加强对非独立核算的机关后勤服务部门的财务管理，实行内部核算办法。

3.行政单位会计信息质量要求是：（1）行政单位应当以实际发生的经济业务或者事项为依据进行会计核算，如实反映各项会计要素的情况和结果，保证会计信息真实可靠。（2）行政单位提供的会计信息应当与行政单位受托责任履行情况的反映，会计信息使用者的管理、监督和决策需要相关，有助于会计信息使用者对行政单位过去、现在或者未来的情况作出评价或者预测。（3）行政单位应当将发生的各项经济业务或者事项全部纳入会计核算，确保会计信息能够全面反映行政单位的财务状况和预算执行情况等。（4）行政单位对于已经发生的经济业务或者事项，应当及时进行会计核算，不得提前或者延后。（5）行政单位提供的会计信息应当具有可比性。（6）行政单位提供的会计信息应当清晰明了，便于会计信息使用者理解和使用。

4.行政单位应当按照下列规定运用会计科目：（1）行政单位应当对有关法律、法规允许进行的经济活动，按照《制度》的规定使用会计科目进行核算。（2）行政单位对基本建设投资的会计核算在执行《制度》的同时，还应当按照国家有关基本建设会计核算的规定单独建账、单独核算。（3）行政单位应当按照《制度》的规定设置和使用会计科目。（4）按照财政部规定对固定资产和公共基础设施计提折旧的，相关折旧的账务处理应当按照《制度》的规定执行。（5）《制度》统一规定会计科目的编号，以便于填制会计凭证、登记账簿、查阅账目、实行会计信息化管理。

5.行政单位资产管理要求：（1）行政单位应当建立健全单位资产管理制度，加强和规范资产配置、使用和处置管理，维护资产安全完整。（2）行政单位应当按照科学规范、从严控制、保障工作需要的原则合理配置资产。（3）行政单位应当加强资产日常管理工作，做好资产建账、核算和登记工作，定期或者不定期进行清查盘点，保证账账相符、账实相符。（4）行政单位开设银行存款账户，应当报同级财政部门审批，并由财务部门统一管理。（5）行政单位应当加强应收及暂付款项的管理，严格控制规模，并及时进行清理，不得长期挂账。（6）行政单位的资产增加时，应当及时登记入账；减少时，应当按照资产处置规定办理报批手续，进行账务处理。（7）行政单位不得以任何形式用占有、使用的国有资产对外投资或者举办经济实体。（8）未经同级财政部门批准，行政单位不得将占有、使用的国有资产对外出租、出借。（9）行政单位应当按照国家有关规定实行资源共享、装备共建，提高资产使用效率。（10）行政单位资产处置应当遵循公开、公平、公正的原则，依法进行评估，严格履行相关审批程序。

6.行政单位资产的计价要求是：（1）行政单位对符合资产定义的经济资源，应当在取得对其相关的权利并且能够可靠地进行货币计量时确认。符合资产定义并确认的资产项目，应当列入资产负债表。(2) 行政单位的资产应当按照取得时的实际成本进行计量。除国家另有规定外，行政单位不得自行调整其账面价值。(3) 应收及预付款项应当按照实际发生额计量。(4) 以支付对价方式取得的资产，应当按照取得资产时支付的现金或者现金等价物的金额，以及所付出的非货币性资产的评估价值等金额计量。(5) 行政单位应当按照本制度的规定对无形资产进行摊销；对无形资产计提摊销的金额，应当根据无形资产原价和摊销年限确定。(6) 行政单位对固定资产、公共基础设施是否计提折旧由财政部另行规定；按照规定对固定资产、公共基础设施计提折旧的，折旧金额应当根据固定资产、公共基础设施原价和折旧年限确定。

7.行政单位固定资产的核算要求：(1) 固定资产的各组成部分具有不同的使用寿命、适用不同折旧率的，应当分别将各组成部分确认为单项固定资产。(2) 购入需要安装的固定资产，应当先通过“在建工程”科目核算，安装完毕交付使用时再转入本科目核算。(3) 行政单位的软件，如果其构成相关硬件不可缺少的组成部分，应当将该软件的价值包括在所属的硬件价值中，一并作为固定资产，通过本科目进行核算。(4) 行政单位购建房屋及构筑物不能够分清支付价款中的房屋及构筑物与土地使用权部分的，应当全部作为固定资产，通过本科目核算。(5) 行政单位借入、以经营租赁方式租入的固定资产，不通过本科目核算，应当设置备查簿进行登记。

8.行政单位财产的处理包括资产的出售、报废、毁损、盘盈、盘亏，以及货币性资产损失核销等。核算行政单位待处理财产的价值及财产处理损溢，通过“待处理财产损溢”科目。

9.行政单位负债的管理要求：(1) 行政单位对符合《制度》定义的债务，应当在确定承担偿债责任并且能够可靠地进行货币计量时确认。(2) 行政单位的负债，应当按照承担的相关合同金额或实际发生额进行计量。(3) 行政单位取得罚没收入、行政事业性收费、政府性基金、国有资产处置和出租出借收入等，应当按照国库集中收缴的有关规定及时足额上缴，不得隐瞒、滞留、截留、挪用和坐支。(4) 行政单位应当加强对暂存款项的管理，不得将应当纳入单位收入管理的款项列入暂存款项；对各种暂存款项应当及时清理、结算，不得长期挂账。

10.行政单位取得的按规定应当上缴财政的款项，包括罚没收入、行政事业性收费、政府性基金、国有资产处置和出租收入等，通过“应缴财政款”科目核算。

11.行政单位按照有关规定应付给职工及为职工支付的各种薪酬，包括基本工资、奖金、国家统一规定的津贴补贴、社会保险费、住房公积金等，通过“应付职工薪酬”科目核算。

12.行政单位的净资产包括财政拨款结转、财政拨款结余、其他资金结转结余、资产基金、待偿债净资产等。

13.财政拨款结转是指行政单位当年预算已执行但尚未完成，或因故未执行，下一年度需要按照原用途继续使用的财政拨款滚存资金。财政拨款结余是指行政单位当年预算工作目标已完成，或因故终止，剩余的财政拨款滚存资金。

14.行政单位的收入是指行政单位依法取得的非偿还性资金，包括财政拨款收入和其他收入。行政单位依法取得的应当上缴财政的罚没收入、行政事业性收费、政府性基金、国有资产处置和出租出借收入等，不属于行政单位的收入。

15.行政单位支出管理要求：(1) 行政单位应当将各项支出全部纳入单位预算。各项支出由单位财务部门按照批准的预算和有关规定审核办理。(2) 行政单位的支出应当严格执行国家规定的开支范围及标准，建立健全支出管理制度，对节约潜力大、管理薄弱的支出进行重点管理和控制。(3) 行政单位从财政部门或者上级预算单位取得的项目资金，应当按照批准的项目和用途使用，专款专用、单独核算，并按照规定向同级财政部门或者上级预算单位报告资金使用情况，接受财政部门和上级预算单位的检查监督。项目完成后，行政单位应当向同级财政部门或者上级预算单位报送项目支出决算和使用效果的书面报告。(4) 行政单位应当严格执行国库集中支付制度和政府采购制度等规定。(5) 行政单位应当加强支出的绩效管理，提高资金的使用效益。(6) 行政单位应当依法加强各类票据管理，确保票据来源合法、内容真实、使用正确，不得使用虚假票据。

16.年终清理是对行政单位全年预算资金收支、其他资金收支活动进行全面的清查、核对、整理和结算的工作。其主要内容有：(1) 清理核对年度预算收支数字和各项缴拨款项、上交下拨款项数字。为了准确反映各项收支数额，属本年度的应拨应交款项，应在12月31日前汇达对方。主管会计单位对所属各单位的拨款应截至12月25日，逾期一般不再下拨。（2）清理核对各项收支款项。凡属本年的各项收入都应及时入账。（3）清理各项往来款项。行政单位的往来款项，年终前应尽量清理完毕。（4）清理货币资金和财产物资，做到账实相符。

17.行政单位应当按照下列规定编制财务报表：（1）行政单位资产负债表、财政拨款收入支出表和附注应当至少按照年度编制，收入支出表应当按照月度和年度编制。（2）行政单位应当根据《制度》编制并提供真实、完整的财务报表。行政单位不得违反规定，随意改变《制度》规定的会计报表格式、编制依据和方法，不得随意改变《制度》规定的会计报表有关数据的会计口径。（3）行政单位的财务报表应当根据登记完整、核对无误的账簿记录和其他有关资料编制，要做到数字真实、计算准确、内容完整、报送及时。（4）行政单位财务报表应当由单位负责人和主管会计工作的负责人、会计机构负责人(会计主管人员)签名并盖章。

18.行政单位的报表附注应当至少披露下列内容：（1）遵循《制度》的声明；（2）单位整体财务状况、预算执行情况的说明；（3）会计报表中列示的重要项目的进一步说明，包括其主要构成、增减变动情况等；（4）重要资产处置、资产重大损失情况的说明；（5）以名义金额计量的资产名称、数量等情况，以及以名义金额计量理由的说明；（6）或有负债情况的说明、1年以上到期负债预计偿还时间和数量的说明；（7）以前年度结转结余调整情况的说明；（8）有助于理解和分析会计报表的其他需要说明事项。

三、会计分录题参考答案

1.借：零余额账户用款额度　　800 000
　　贷：财政拨款收入——财政授权支付　　800 000

2.借：经费支出——财政拨款支出——基本支出
　　　——商品和服务支出——物业管理费　　5 000
　　贷：零余额账户用款额度　　5 000

3.借：财政应返还额度——财政授权支付 158 000
  贷：零余额账户用款额度 158 000
4.借：财政应返还额度——财政授权支付 620 000
  贷：财政拨款收入——财政授权支付 620 000
5.借：财政应返还额度——财政直接支付 310 000
  贷：财政拨款收入——财政直接支付 310 000
6.借：资产基金——预付款项 18 000
  贷：预付账款——综合服务中心 18 000
借：银行存款 18 000
  贷：经费支出——财政拨款支出——基本支出
    ——商品和服务支出——劳务费 18 000
7.借：经费支出——财政拨款支出——基本支出
    ——商品和服务支出——劳务费 700
    其他应收款——王颖 500
  贷：银行存款 1 200
8.借：存货——打印纸 10 080
  贷：资产基金——存货 10 080
借：经费支出——财政拨款支出——基本支出
  ——商品和服务支出——专用材料费 10 080
  贷：零余额账户用款额度 10 080
9.借：存货——教学用具 71 800
  贷：资产基金——存货 71 800
借：经费支出——财政拨款支出——基本支出
  ——商品和服务支出——装备购置费 50 000
  贷：银行存款 50 000
借：待偿债净资产 21 800
  贷：应付账款 21 800
10.借：在建工程 81 500
  贷：资产基金——在建工程 81 500
借：经费支出——财政拨款支出——基本支出
  ——商品和服务支出——设备购置费 60 000

贷：零余额账户用款额度 60 000
借：待偿债净资产 21 500
贷：应付账款 21 500
11.转入在建工程：
借：在建工程 150 000
贷：资产基金——在建工程 150 000
借：资产基金——固定资产 150 000
累计折旧 120 000
贷：固定资产——办公楼 270 000
发生费用：
借：在建工程 491 000
贷：资产基金——在建工程 491 000
借：经费支出——财政拨款支出——项目支出
——其他资本性支出——房屋建筑物购建 491 000
贷：财政拨款收入——财政直接支付 491 000
完工交付：
借：固定资产 641 000
贷：资产基金——固定资产 641 000
借：资产基金——在建工程 641 000
贷：在建工程 641 000
12.借：固定资产——B设备 32 700
贷：资产基金——固定资产 32 700
借：经费支出——财政拨款支出——基本支出——商品和服务支出
——装备购置费 1 700
贷：银行存款 1 700
借：待处理财产损溢——待处理财产价值 35 000
累计折旧 15 000
贷：固定资产——A设备 50 000
13.转入待处理财产损溢：
借：待处理财产损溢——待处理财产价值 56 000
累计折旧 10 300

贷：固定资产——消防车 66 300

核销：

借：资产基金——固定资产 56 000

贷：待处理财产损溢——待处理财产价值 56 000

14.借：在建工程 720 000

贷：资产基金——在建工程 720 000

借：资产基金——固定资产 720 000

累计折旧 519 300

贷：固定资产——办公楼 1 239 300

15.借：固定资产——公务车 1 018 000

贷：资产基金——固定资产 1 018 000

借：经费支出——财政拨款支出——项目支出——商品和服务支出——装备购置费 1 018 000

贷：财政拨款收入——财政直接支付 1 018 000

16.换入专利权：

借：无形资产——××专利权 195 000

贷：资产基金——无形资产 195 000

支付过户费：

借：待处理财产损溢——处理净收入 15 000

贷：银行存款 15 000

对方补价：

借：银行存款 20 000

贷：待处理财产损溢——处理净收入 20 000

换出专利权：

借：待处理财产损溢——待处理财产价值 180 000

累计摊销 40 000

贷：无形资产 220 000

核销：

借：资产基金——无形资产 180 000

贷：待处理财产损溢——待处理财产价值 180 000

净收入：

借：待处理财产损溢——处理净收入　　5 000
　贷：应缴财政款　　5 000

17.借：无形资产　　70 000
　　贷：资产基金——无形资产　　70 000
借：经费支出——财政拨款支出——基本支出——其他资本性支出
　　——信息网络购建　　70 000
　贷：零余额账户用款额度　　70 000

18.借：受托代理资产——L企业　　53 100
　　贷：受托代理负债——L企业　　53 100

19.借：公共基础设施　　385 000
　　贷：资产基金——公共基础设施　　385 000
借：资产基金——在建工程　　385 000
　贷：在建工程　　385 000

20.借：政府储备物资　　4 135 020
　　贷：资产基金——政府储备物资　　4 135 020
借：经费支出——财政拨款支出——项目支出——其他资本性支出
　　——物资储备　　4 135 020
　贷：财政拨款收入——财政直接支付　　4 135 020

21.借：待处理财产损溢——待处理财产价值　　30 000
　　贷：存货——××材料　　30 000
借：资产基金——存货　　30 000
　贷：待处理财产损溢——待处理财产价值　　30 000
借：银行存款　　15 000
　贷：待处理财产损溢——处理净收入　　15 000
借：待处理财产损溢——处理净收入　　15 000
　贷：应缴财政款　　15 000

22.财政直接支付方式：
借：经费支出——财政拨款支出——基本支出——工资福利支出
　　——基本工资　　155 000
　　——津贴补贴　　210 000
　　——奖金　　60 000

贷：应付职工薪酬——工资（离退休费） 90 300
——地方（部门）津贴补贴 210 000
——其他个人收入 60 000
——社会保险费 26 000
——住房公积金 18 700
——个人所得税 17 000
——工会经费 3 000

借：应付职工薪酬——工资（离退休费） 90 300
——地方（部门）津贴补贴 210 000
——其他个人收入 60 000
——社会保险费 26 000
——住房公积金 18 700
——个人所得税 17 000
——工会经费 3 000

贷：财政拨款收入——财政直接支付 425 000

自行发放方式：

借：经费支出——财政拨款支出——基本支出——工资福利支出
——基本工资 155 000
——津贴补贴 210 000
——奖金 60 000

贷：应付职工薪酬——工资（离退休费） 90 300
——地方（部门）津贴补贴 210 000
——其他个人收入 60 000
其他应付款——社会保险费 26 000
——住房公积金 18 700
——工会经费 3 000
应缴税费——应缴个人所得税 17 000

借：应付职工薪酬——工资（离退休费） 90 300
——地方（部门）津贴补贴 210 000
——其他个人收入 60 000

贷：库存现金 360 300

借：其他应付款——社会保险费　　26 000

——住房公积金　　18 700

——工会经费　　3 000

应缴税费——应缴个人所得税　　17 000

贷：零余额账户用款额度　　64 700

23.借：在建工程　　100 000

贷：资产基金——在建工程　　100 000

借：经费支出——财政拨款支出——项目支出——其他资本性支出

——大型修缮　　80 000

贷：银行存款　　80 000

借：待偿债净资产　　20 000

贷：应付账款——A公司　　20 000

24.借：固定资产——电脑　　80 000

贷：资产基金——固定资产　　80 000

借：经费支出——财政拨款支出——项目支出——其他资本性支出

——办公设备购置　　20 000

贷：银行存款　　20 000

借：待偿债净资产　　60 000

贷：长期应付款　　60 000

25.借：财政拨款结余——单位内部调剂　　2 600 000

贷：财政拨款结转——单位内部调剂——补助引进医疗器械

2 600 000

26.借：财政拨款收入——基本支出拨款　　2 931 000

——项目支出拨款——A项目　　2 200 000

——B项目　　1 320 000

贷：财政拨款结转——收支转账——基本支出结转　　2 931 000

——项目支出结转——A项目　　2 200 000

——B项目　　1 320 000

27.借：财政拨款结转——收支转账　　395 000

——年初余额调整　　17 000

——归集调入　　190 000

贷：财政拨款结转——剩余结转 602 000

借：财政拨款结转——剩余结转 473 400

贷：财政拨款结转——结余转账 283 400

——归集上缴 190 000

28.借：在建工程 31 000 000

贷：资产基金——在建工程 31 000 000

借：经费支出——财政拨款支出——项目支出——其他资本性支出——基础设施建设 18 600 000

贷：财政拨款收入——财政直接支付 18 600 000

借：待偿债净资产 12 400 000

贷：长期应付款——××工程 12 400 000

29.借：政府储备物资 2 600 000

贷：资产基金——政府储备物资 2 600 000

借：经费支出——财政拨款支出——项目支出——其他资本性支出——物资储备 2 300 000

贷：财政拨款收入——财政直接支付 2 300 000

借：资产基金——预付款项 300 000

贷：预付账款 300 000

30.借：资产基金——政府储备物资 500 000

贷：政府储备物资 500 000

31.借：经费支出——财政拨款支出——项目支出——对个人和家庭的补助——提租补贴 3 045 000

贷：应付政府补贴款 3 045 000

32.借：零余额账户用款额度 430 000

贷：财政拨款收入——财政授权支付 430 000

33.借：财政应返还额度——财政授权支付 60 000

贷：财政拨款收入——财政授权支付 60 000

34.借：资产基金——存货 5 000

贷：存货 5 000

借：银行存款 5 000

贷：经费支出——财政拨款支出——基本支出
——商品和服务支出——专用材料费　5 000

35. 借：经费支出——财政拨款支出——基本支出
——商品和服务支出——劳务费　21 000
贷：库存现金　20 270
应缴税费——应缴个人所得税　730

36. 借：固定资产　30 000
贷：资产基金——固定资产　30 000
借：经费支出——财政拨款支出——基本支出——其他资本性支出
——办公设备购置　30 000
贷：财政拨款收入——财政直接支付　30 000

37. 借：长期应付款　230 000
贷：待偿债净资产　230 000
借：经费支出——财政拨款支出——项目支出——其他资本性支出
——专用设备购置　230 000
贷：财政拨款收入——财政直接支付　230 000

38. 借：拨出经费——项目支出——国际货币基金组织项目
200 000
贷：银行存款　200 000

39. 借：其他资金结转结余　200 000
贷：拨出经费——项目支出——国际货币基金组织项目
200 000

40. 借：财政拨款结转　103 000
其他资金结转结余　32 000
贷：经费支出——财政拨款支出　103 000
——其他资金支出　32 000

41. 借：预付账款　54 000
贷：资产基金——预付款项　54 000
借：经费支出——财政拨款支出——项目支出——其他资本性支出
——专用设备购置　54 000
贷：零余额账户用款额度　54 000

42.财政资金：

借：财政拨款收入——基本支出拨款　　4 500 000

——项目支出拨款　　650 000

贷：财政拨款结转——收支转账——基本支出结转　　4 500 000

——项目支出结转　　650 000

借：财政拨款结转——收支转账——基本支出结转

4 532 000

——项目支出结转

315 000

贷：经费支出——财政拨款支出——基本支出　　4 532 000

——项目支出　　315 000

借：财政拨款结余——结余转账　　32 000

贷：财政拨款结转——收支转账——基本支出结转　　32 000

其他资金：

借：其他收入　　350 000

贷：其他资金结转结余　　350 000

借：其他资金结转结余　　351 500

贷：经费支出——其他资金支出——基本支出　　121 500

拨出经费　　230 000

43.借：零余额账户用款额度　　400 000

贷：财政拨款收入——财政授权支付　　400 000

44.借：财政应返还额度——财政授权支付　　260 000

贷：零余额账户用款额度　　260 000

45.借：经费支出　　68 000

贷：零余额账户用款额度　　68 000

借：预付账款　　68 000

贷：资产基金——预付款项　　68 000

46.借：经费支出　　5 006 000

贷：财政拨款收入——财政直接支付　　5 000 000

零余额账户用款额度　　6 000

借：政府储备物资　　5 006 000

贷：资产基金——政府储备物资 5 006 000

47.借：资产基金——固定资产 13 000

累计折旧 2 600

贷：固定资产 15 600

借：经费支出 500

贷：库存现金 500

48.借：存货 189 700

贷：资产基金——存货 189 700

借：经费支出 150 000

贷：财政拨款收入——财政直接支付 150 000

借：待偿债净资产 39 700

贷：长期应付款 39 700

49.借：无形资产——××专利权 235 000

贷：资产基金——无形资产 235 000

借：经费支出 35 000

贷：银行存款 35 000

借：待处理财产损溢——待处理财产价值 180 000

累计摊销 40 000

贷：无形资产 220 000

借：资产基金——无形资产 180 000

贷：待处理财产损溢——待处理财产价值 180 000

50.借：公共基础设施 56 600 000

贷：资产基金——公共基础设施 56 600 000

借：资产基金——在建工程 56 600 000

贷：在建工程 56 600 000

51.借：经费支出 2 000

贷：零余额账户用款额度 2 000

52.借：经费支出 50 000

贷：应付财政补助款 50 000

53.借：经费支出 400

其他应收款——王颖 400

贷：银行存款 800

54.转入在建工程：

借：在建工程 3 695 000

贷：资产基金——在建工程 3 695 000

借：资产基金——固定资产 3 695 000

累计折旧 360 000

贷：固定资产 4 055 000

发生费用：

借：在建工程 950 000

贷：资产基金——在建工程 950 000

借：经费支出 950 000

贷：财政拨款收入——财政直接支付 950 000

完工交付：

借：固定资产 4 645 000

贷：资产基金——固定资产 4 645 000

借：资产基金——在建工程 4 645 000

贷：在建工程 4 645 000

55.借：经费支出 8 300

库存现金 1 700

贷：其他应收款——王强 10 000

第四篇　事业单位会计练习题参考答案

一、概念题参考答案

1.事业单位是指国家为了社会公益目的，由国家机关举办或者其他组织利用国有资产举办的，从事教育、科研、文化、卫生、体育、新闻出版、广播电视、社会福利、救助减灾、统计调查、技术推广与实验、公用设施管理、物资仓储、监测、勘探与勘察、测绘、检验检测与鉴定、法律、资源管理、质量技术监督、经济监督、知识产权、公证与认证、信息与咨询、人才交流、就业服务、机关后勤服务等活动的社会服务组织。

2.“参公单位”是对工作人员参照公务员管理的事业单位，是承担了政府行政管理职能或机关后勤服务的事业单位，财政对参公事业单位采取全额拨款管理，不允许单位自行组织收入。

3.财政应返还额度为实行国库集中支付的事业单位应收财政返还的资金额度。

4.应收票据是事业单位因开展经营活动销售产品、提供有偿服务等而收到的商业汇票，包括银行承兑汇票和商业承兑汇票。

5.对外投资是指事业单位依法利用货币资金、实物、无形资产等方式向其他单位的投资，是事业单位提高资产利用效率、扩大资产收益的一种重要方式，包括长期投资和短期投资。

6.无形资产是指不具有实物形态而能为使用者提供某种权利的资产，包括专利权、商标权、著作权、土地使用权、非专利技术、商誉以及其他财产权利。

7.应缴税费为事业单位按照税法等规定计算应缴纳的各种税费，包括增值税、城市维护建设税、教育费附加、车船税、房产税、城镇土地使用税、企业所得税等。

8.应缴国库款是事业单位按规定应缴入国库的款项，应缴税费除外。

9.应缴财政专户款为事业单位按规定应缴入财政专户的款项。

10.事业基金是事业单位拥有的非限定用途的净资产，主要为非财政补助结余扣除结余分配后滚存的金额。

11.专用基金是事业单位按规定提取或者设置的具有专门用途的净资产，主要包括修购基金、职工福利基金等。

12.事业结余是事业单位一定期间除财政补助收支、非财政专项资金收支和经营收支以外各项收支相抵后的余额。

13.财政补助收入是事业单位从同级财政部门取得的各类财政拨款，包括基本支出补助和项目支出补助。

14.事业收入是事业单位开展专业业务活动及其辅助活动取得的收入。

15.经营收入是事业单位在专业业务活动及其辅助活动之外开展非独立核算经营活动取得的收入。

16.事业支出是事业单位开展专业业务活动及其辅助活动发生的基本支出和项目支出。

17.上缴上级支出是事业单位按照财政部门和主管部门的规定上缴上级单位的支出。

18.经营支出是事业单位在专业业务活动及其辅助活动之外开展非独立核算经营活动发生的支出。

19.预算收入完成率是衡量事业单位收入总预算及分项预算完成的程度。计算公式为：预算收入完成率=年终执行数÷（年初预算数±年中预算调整数）×100%。其中，年终执行数不含上年结转和结余收入数。

20.人均基本支出是衡量事业单位按照实际在编人数平均的基本支出水平。计算公式为：人均基本支出=（基本支出-离退休人员支出）÷实际在编人数。

21.资产负债率是衡量事业单位利用债权人提供资金开展业务活动的能力，以及反映债权人提供资金的安全保障程度。计算公式为：资产负债率=负债总额÷资产总额×100%。

二、简述题参考答案

1.事业单位的财务管理要遵循下列基本原则：一是执行国家有关法律、法规和财务规章制度；二是坚持勤俭办事业的方针；三是正确处理事业发展需要和资金供给的关系，社会效益和经济效益的关系，国家、单位和个人三者利益的关系。

2.事业单位财务管理的主要任务是：（1）单位预算的编制、执行与决算。（2）组织收入与节约支出。（3）加强制度建设与绩效评价。（4）加强资产管理。（5）加强财务控制。

3.现行事业单位会计制度有如下特点：（1）事业单位对基本建设投资的会计核算在执行本制度的同时，还应当按照国家有关基本建设会计核算的规定单独建账、单独核算。（2）事业单位会计核算一般采用收付实现制，但部分经济业务或者事项的核算应当按照本制度的规定采用权责发生制。（3）事业单位应当按照《事业单位财务规则》或相关财务制度的规定确定是否对固定资产计提折旧、对无形资产进行摊销。

4.事业单位应当按照下列规定运用会计科目：（1）应当按照本制度的规定设置和使用会计科目。在不影响会计处理和编报财务报表的前提下，可以根据实际情况自行增设、减少或合并某些明细科目。（2）本制度统一规定会计科目的编号，以便于填制会计凭证、登记账簿、查阅账目，实行会计信息化管理。事业单位不得打乱重编。（3）事业单位在填制会计凭证、登记会计账簿时，应当填列会计科目的名称，或者同时填列会计科目的名称和编号，不得只填列科目编号、不填列科目名称。

5.事业单位的资产是指事业单位占有或者使用的能以货币计量的经济资源，包括各种财产、债权和其他权利，包括流动资产、固定资产、在建工程、无形资产和对外投资等。

6.事业单位应当严格控制对外投资。在保证单位正常运转和事业发展的前提下，按照国家有关规定可以对外投资的，应当履行相关审批程序。事业单位不得使用财政拨款及其结余进行对外投资，不得从事股票、期货、基金、企业债券等投资，国家另有规定的除外。事业单位以非货币性资产对外投资的，应当按照国家有关规定进行资产评估，合理确定资产价值。

事业单位应当严格遵守国家法律、行政法规以及财政部门、主管部门关于对外投资的有关规定，保障对外投资资金的安全。

7. 固定资产是指使用期限超过1年，单位价值在1 000元以上（其中：专用设备单位价值在1 500元以上），并在使用过程中基本保持原有物质形态的资产。单位价值虽未达到规定标准，但是耐用时间在1年以上的大批同类物资，作为固定资产管理。

8. 事业单位按有关规定应付给职工及为职工支付的各种薪酬，包括基本工资、绩效工资、国家统一规定的津贴补贴、社会保险费、住房公积金等，通过“应付职工薪酬”科目核算。

9. 事业单位借入的期限超过1年（不含1年）的各种借款，通过“长期借款”科目核算。

10. 事业单位的净资产是指事业单位资产扣除负债后的余额。事业单位的净资产包括事业基金、非流动资产基金、专用基金、财政补助结转结余、非财政补助结转结余等。

11. 事业单位长期投资、固定资产、在建工程、无形资产等非流动资产占用的金额，通过“非流动资产基金”科目核算。

12. 事业单位滚存的财政补助结转资金，包括基本支出结转和项目支出结转，通过“财政补助结转”科目核算。

13. 事业单位除财政补助收支以外的各专项资金收入与其相关支出相抵后剩余滚存的、须按规定用途使用的结转资金，通过“非财政补助结转”科目核算。

14. 在国库集中支付制度下，事业单位财政补助收入有财政直接支付方式和财政授权支付方式之分。

15. 事业单位开展专业业务活动及其辅助活动取得的收入是事业收入，事业单位在专业业务活动及其辅助活动之外开展非独立核算经营活动取得的收入是经营收入。两者的区别主要在于与单位的专业业务活动及其辅助活动的相关性上。

16. 其他收入是事业单位除财政补助收入、事业收入、上级补助收入、附属单位上缴收入、经营收入以外的各项收入，包括投资收益、银行存款利息收入、租金收入、捐赠收入、现金盘盈收入、存货盘盈收入、收回已核销应收及预付款项、无法偿付的应付及预收款项等，通过

“其他收入”科目核算。

17.事业单位开展专业业务活动及其辅助活动发生的基本支出和项目支出，通过“事业支出”科目核算。“事业支出”科目应当按照“基本支出”和“项目支出”，再按照“财政补助支出”、“非财政专项资金支出”和“其他资金支出”等层级进行明细核算，并按照《政府收支分类科目》中“支出功能分类”相关科目进行明细核算；“基本支出”和“项目支出”明细科目下应当按照《政府收支分类科目》中“支出经济分类”的款级科目进行明细核算；同时在“项目支出”明细科目下按照具体项目进行明细核算。

18.事业单位在专业业务活动及其辅助活动之外开展非独立核算经营活动发生的支出，通过“经营支出”科目核算。事业单位开展非独立核算经营活动的，应当正确归集开展经营活动发生的各项费用数；无法直接归集的，应当按照规定的标准或比例合理分摊。事业单位的经营支出与经营收入应当配比。“经营支出”科目应当按照经营活动类别、项目、《政府收支分类科目》中“支出经济分类”相关科目等进行明细核算。

19.事业单位年终清理结算的主要事项如下：(1）清理核对年度预算收支数字和各项缴拨款项、上交下拨款项数字。(2）清理、核对各项收支款项，凡属本年的各项收支都要及时入账。(3）清理各项往来款项。(4）清理货币资金。(5）清理财产物资。(6）清理上下级调剂性收支。

20.事业单位的会计报表附注至少应当披露下列内容：(1）遵循《事业单位会计准则》《事业单位会计制度》的声明；(2）单位整体财务状况、业务活动情况的说明；(3）会计报表中列示的重要项目的进一步说明，包括其主要构成、增减变动情况等；(4）重要资产处置情况的说明；(5）重大投资、借款活动的说明；(6）以名义金额计量的资产名称、数量等情况，以及以名义金额计量理由的说明；(7）以前年度结转结余调整情况的说明；(8）有助于理解和分析会计报表需要说明的其他事项。

21.事业单位应加强财务分析，以准确判断单位的财务状况和经济活动情况，提高管理水平。事业单位的财务分析指标如下：(1）预算收入和支出完成率，衡量事业单位收入和支出总预算及分项预算完成的程度。(2) 人员支出、公用支出占事业支出的比率，衡量事业单位事业支出结构。(3) 人均基本支出，衡量事业单位按照实际在编人数平均的基本支出水平。(4) 资产负债率，衡量事业单位利用债权人提供资金开展业务活动的能力，以及反映债权人提供资金的安全保障程度。

三、会计分录题参考答案

1.提现：

借：库存现金　　5 000

　贷：零余额账户用款额度　　5 000

支付劳务费：

借：事业支出——基本支出——财政补助支出——商品和服务支出——劳务费　　5 000

　贷：库存现金　　5 000

2.借：银行存款　　20 000

　贷：财政补助结余　　20 000

3.借：零余额账户用款额度　　260 000

　贷：财政应返还额度——财政授权支付　　260 000

4.借：固定资产　　8 000

　贷：非流动资产基金——固定资产　　8 000

同时，记：

借：事业支出——其他资本性支出——办公设备购置　　8 000

　贷：财政应返还额度——财政直接支付　　8 000

5.收取汇票时：

借：应收票据——M企业　　80 000

　贷：经营收入　　80 000

贴现时：

借：银行存款　　76 000

　　经营支出　　4 000

　贷：应收票据——M企业　　80 000

6.借：固定资产　200 000
　贷：非流动资产基金——固定资产　200 000
借：事业支出——其他资本性支出——办公设备购置　200 000
　贷：预付账款——E公司　30 000
　　财政补助收入——财政直接支付　170 000
7.借：事业支出——商品和服务支出——电费　33 500
　其他应收款——家属宿舍电费　1 500
　贷：零余额账户用款额度　35 000
8.借：固定资产　1
　贷：非流动资产基金——固定资产　1
同时，记：
借：其他支出　2 000
　贷：银行存款　2 000
9.转入待处置资产：
借：待处置资产损溢——梨树苗　11 700
　贷：存货——梨树苗　10 000
　　应缴税费——应缴增值税（进项税额转出）　1 700
实际捐出：
借：其他支出　11 700
　贷：待处置资产损溢——梨树苗　11 700
10.借：非流动资产基金——长期投资　50 000
　贷：长期投资——5年期国债券　50 000
借：银行存款　51 450
　事业支出　100
　贷：其他收入——投资收益　51 550
11.购入时：
借：固定资产　160 000
　贷：非流动资产基金——固定资产　160 000
借：事业支出　160 000
　贷：财政补助收入——财政直接支付　128 000
　　其他应付款　32 000

支付质量保证金时：

借：其他应付款　　32 000

　贷：零余额账户用款额度（或银行存款）　　32 000

12.购入时：

借：在建工程——××设备　　122 000

　贷：长期应付款　　102 000

　　非流动资产基金——在建工程　　20 000

借：事业支出　　20 000

　贷：银行存款　　20 000

定期支付租金时：

借：事业支出　　20 400

　贷：银行存款　　20 400

借：长期应付款　　20 400

　贷：非流动资产基金——固定资产　　20 400

13.借：长期投资　　310 000

　贷：非流动资产基金——长期投资　　310 000

借：其他支出　　10 000

　贷：银行存款　　10 000

同时，记：

借：非流动资产基金——无形资产　　150 000

　累计摊销　　15 000

　贷：无形资产　　165 000

14.借：无形资产——报警系统　　10 000

　贷：非流动资产基金——无形资产　　10 000

同时，记：

借：事业支出　　10 000

　贷：零余额账户用款额度　　10 000

15.借：其他支出　　11 000

　贷：银行存款　　11 000

16.转入在建工程：

借：在建工程——办公楼　　428 000

贷：非流动资产基金——在建工程　　428 000

同时，记：

借：非流动资产基金——固定资产　　428 000

　　累计折旧　　253 200

　贷：固定资产——办公楼　　681 200

17. 借：待处置资产损溢——处置资产价值　　5 000

　　　累计折旧　　1 000

　　贷：固定资产——乙器械　　6 000

18. 借：固定资产——电脑　　35 600

　　贷：非流动资产基金——固定资产　　35 600

借：其他支出　　600

　贷：库存现金　　600

19. 转入待处置资产：

借：待处置资产损溢——处置资产价值　　532 800

　贷：长期投资——A公司股权　　532 800

予以核销：

借：非流动资产基金——长期投资　　532 800

　贷：待处置资产损溢——处置资产价值　　532 800

20. 借：应付票据——C企业　　20 000

　　贷：短期借款——C企业　　20 000

21. 借：短期借款　　200 000

　　　其他支出　　7 000

　　贷：银行存款　　207 000

22. 借：存货　　30 000

　　　应缴税费——应缴增值税——进项税额　　5 100

　　贷：银行存款　　35 100

23. 借：待处置资产损溢　　9 360

　　贷：存货　　8 000

　　　　应缴税费——应缴增值税——进项税额转出　　1 360

24. 借：银行存款　　30 000

贷：营业收入　　28 302

应缴税费——应缴增值税——销项税额　　1 698

25.借：事业支出　　550

贷：应缴税费——应缴增值税　　500

——应缴城市维护建设税　　35

——应缴教育费附加　　15

26.借：非财政补助结余分配——应缴企业所得税　　50 000

贷：应缴税费——企业所得税　　50 000

27.借：银行存款　　5 000

贷：应缴国库款　　5 000

28.借：银行存款　　4 000

贷：应缴财政专户款　　4 000

29.借：事业支出——购买商品和劳务支出——劳务费 160 000

贷：库存现金　　160 000

30.借：在建工程　　10 000

贷：非流动资产基金——在建工程　　10 000

同时，记：

借：其他支出　　10 000

贷：银行存款——建设银行　　10 000

31.融资租入时：

借：固定资产　　400 000

贷：非流动资产基金——固定资产　　100 000

长期应付款　　300 000

借：事业支出　　100 000

贷：银行存款　　100 000

每年支付剩余款项时：

借：长期应付款　　100 000

贷：非流动资产基金——固定资产　　100 000

借：事业支出　　100 000

贷：银行存款　　100 000

32.借：长期投资　　126 750

贷：银行存款		126 750
借：事业基金	126 750	
贷：非流动资产基金——长期投资		126 750
33.借：在建工程	230 000	
贷：非流动资产基金——在建工程		230 000
借：事业支出	230 000	
贷：财政补助收入——财政直接支付		230 000
34.借：长期投资	700 000	
贷：非流动资产基金——长期投资		700 000
支付评估费用：		
借：其他支出	3 000	
贷：银行存款		3 000
借：非流动资产基金——固定资产	23 000	
累计折旧	42 000	
贷：固定资产		65 000
35.借：非财政补助结余分配	80 000	
贷：专用基金——职工福利基金		80 000
36.借：专用基金——修购基金	32 000	
贷：银行存款		32 000
借：固定资产	32 000	
贷：非流动资产基金——固定资产		32 000
37.借：财政补助收入——基本支出	430 000	
——项目支出	32 000	
贷：财政补助结转——基本支出结转		430 000
——项目支出结转		32 000
38.借：财政补助结转——项目支出结转	21 500	
贷：财政补助结余		21 500
39.借：事业收入——非财政专项资金收入	270 100	
上级补助收入——非财政专项资金收入	75 200	
附属单位上缴收入——非财政专项资金收入	21 000	
贷：非财政补助结转		366 300

40.借：经营收入　　298 100

　贷：经营结余　　298 100

41.借：事业结余　　358 699

　　经营结余　　90 538

　贷：非财政补助结余分配　　449 237

42.经营结余应缴企业所得税 = 90 538×25% = 22 634.5（元）

借：非财政补助结余分配　　22 634.5

　贷：应缴税费——应缴企业所得税　　22 634.5

43.应提职工福利基金额 = （358 699+90 538−22 634.5）×20% = 85 320.5（元）

借：非财政补助结余分配　　85 320.5

　贷：专用基金——职工福利基金　　85 320.5

44.余额=358 699+90 538−22 634.5−85 320.5 = 341 282（元）

借：非财政补助结余分配　　341 282

　贷：事业基金　　341 282

45. 借：零余额账户用款额度　　300 000

　贷：财政补助收入　　300 000

46.借：财政补助收入　　210 000

　贷：存货　　210 000

47.借：银行存款　　32 000

　贷：应缴财政专户款　　32 000

48.借：应缴财政专户款　　32 000

　贷：银行存款　　32 000

49.借：事业收入——专项资金收入　　190 000

　贷：非财政补助结转　　190 000

50.借：银行存款　　500 000

　贷：上级补助收入——专项资金收入　　500 000

51.借：上级补助收入——专项资金收入　　240 000

　贷：非财政补助结转　　240 000

52.借：银行存款　　72 000

　贷：经营收入　　67 925

　　应缴税费——应缴增值税——销项税额　　4 075

53. 借：银行存款　　300 000

　　贷：经营收入　　256 410

　　　　应缴税费——应缴增值税——销项税额　　43 590

54. 借：银行存款　　64 000

　　贷：长期投资　　60 000

　　　　其他收入——投资收益　　4 000

55. 借：其他收入——专项资金收入　　430 000

　　贷：非财政补助结转　　430 000

56. 借：财政补助收入　　130 000

　　贷：财政补助结转　　130 000

57. 借：事业支出——基本支出——财政补助支出——工资福利支出

　　——基本工资　　358 100

　　——津贴补贴　　523 600

　　——奖金　　217 000

　　贷：应付职工薪酬——工资（离退休费）　　358 100

　　　　　　　　　　——部门（地方）津贴补贴　　523 600

　　　　　　　　　　——其他个人收入　　217 000

58. 借：事业支出——基本支出——财政补助支出——商品和服务

　　支出——水费　　29 000

　　贷：零余额账户用款额度　　29 000

59. 借：财政补助结转——基本支出结转　　2 935 800

　　　　　　　　　——项目支出结转　　1 721 000

　　贷：事业支出——财政补助支出——基本支出　　2 935 800

　　　　　　　　　　　　　　　　——项目支出　　1 721 000

60. 借：经营支出——商品与劳务支出——专用材料费　　3 100

　　贷：存货——××材料　　3 100

61. 借：经营结余　　3 541 300

　　贷：经营支出　　3 541 300

62. 借：事业结余　　800 000

　　贷：上缴上级支出　　800 000

63. 借：经营支出——工资福利支出——基本工资　　628 000

借：经营支出——工资福利支出——奖金　219 000
——绩效工资　258 600
贷：应付职工薪酬——工资（离退休费）　628 000
——部门（地方）津贴补贴　219 000
——其他个人收入　258 600

64.借：其他支出　22 500
贷：银行存款　22 500

65.借：长期投资——D公司股权　838 000
贷：非流动资产基金——长期投资　838 000

借：其他支出　3 000
贷：银行存款　3 000

借：非流动资产基金——固定资产　500 000
累计折旧　210 000
贷：固定资产——铲车　710 000

66.转入待处理资产损溢：

借：待处理资产损溢　800
贷：库存现金　800

借：其他支出　800
贷：待处理资产损溢　800

67.借：事业支出——基本支出——财政补助支出——商品和服务支出——办公费　950
贷：库存现金　950

68.借：固定资产　50 000
贷：非流动资产基金——固定资产　50 000

借：事业支出——基本支出——财政补助支出——其他资本性支出——办公设备购置　50 000
贷：零余额账户用款额度　50 000

69.借：银行存款　30 000
贷：事业收入　30 000

70.借：银行存款　650 000
贷：经营收入　650 000

71.借：零余额账户用款额度　800 000
　　贷：财政补助收入——财政授权支付——基本支出补助　700 000
　　　　——项目支出补助　100 000
72.借：存货——A材料　15 000
　　贷：零余额账户用款额度　15 000
73.借：银行存款　200 000
　　贷：预收账款——K公司　200 000
74.借：应收账款——L公司　23 400
　　贷：经营收入　20 000
　　　　应缴税费——应缴增值税——销项税额　3 400
75.借：预付账款——M公司　30 000
　　贷：零余额账户用款额度　30 000
76.借：银行存款　300 000
　　贷：上级补助收入——非财政专项资金收入——A项目　300 000
77.借：应缴税费——应缴增值税——已交税金　800
　　——应交城市维护建设税　56
　　——应交教育费附加　24
　　——应交地方教育费　20
　　贷：银行存款　900
78.借：事业支出——基本支出——财政补助支出——工资福利支出
　　——基本工资　450 000
　　——津贴补贴　250 000
　　——奖金　900
　　贷：应付职工薪酬——工资（离退休费）　422 000
　　　　——地方（部门）津贴补贴　250 000
　　　　——其他个人收入　900
　　　　——应缴个人所得税　12 000
　　　　——住房公积金　9 000
　　　　——社会保险费　5 000
　　　　——工会经费　2 000

79.借：应付职工薪酬——工资（离退休费） 422 000
——地方（部门）津贴补贴 250 000
——其他个人收入 900
——应缴个人所得税 12 000
——住房公积金 9 000
——社会保险费 5 000
——工会经费 2 000
贷：财政补助收入——财政直接支付——基本支出 700 900

80.借：其他应收款——财税学院 5 000
贷：库存现金 5 000

81.借：事业支出——基本支出——财政补助支出——商品和服务支出——差旅费 1 000
贷：库存现金 1 000

82.借：事业支出——基本支出——财政补助支出——商品和服务支出——水费 3 000
其他应收款——家属宿舍水费 500
贷：零余额账户用款额度 3 500

83.借：其他应收款——政府采购款 100 000
贷：银行存款 100 000

84.借：银行存款 4 500
贷：应缴财政专户款 4 500
借：应缴财政专户款 4 500
贷：银行存款 4 500

85.借：固定资产 80 000
贷：非流动资产基金——固定资产 80 000
借：事业支出——基本支出——财政补助支出——其他资本性支出——专用设备购置 80 000
贷：预付账款——M公司 30 000
零余额账户用款额度 50 000

86.借：银行存款 23 400
贷：应收账款——L公司 23 400

87.借：固定资产　　25 000
　贷：非流动资产基金——固定资产　　25 000
借：事业支出——基本支出——财政补助支出——其他资本性支出
——专用设备购置　　25 000
　贷：财政应返还额度——财政直接支付　　25 000
88.借：事业支出——项目支出——A项目——非财政专项资金支出
——商品和服务支出——专用材料费　　10 000
　贷：零余额账户用款额度　　10 000
89.借：事业支出——项目支出——A项目——非财政专项资金支出
——工资福利支出——津贴补贴　　5 000
　贷：应付职工薪酬——地方津贴补贴　　5 000
90.借：固定资产　　120 000
　贷：非流动资产基金——固定资产　　120 000
91.转入：
借：待处置资产损溢——处置资产价值　　1 000
累计折旧　　2 000
　贷：固定资产　　3 000
发生费用和收入：
借：待处置资产损溢——处置净收入　　200
　贷：库存现金　　200
借：库存现金　　500
　贷：待处置资产损溢——处置净收入　　500
报废：
借：非流动资产基金——固定资产　　1 000
　贷：待处置资产损溢——处置资产价值　　1 000
借：待处置资产损溢——处置净收入　　300
　贷：应缴国库款　　300
92.转入：
借：待处置资产损溢——处置资产价值　　11 500
累计摊销　　3 500
　贷：无形资产　　15 000

收入：

借：银行存款　80 000

　贷：待处置资产损溢——处置净收入　80 000

核销：

借：非流动资产基金——无形资产　11 500

　贷：待处置资产损溢——处置资产价值　11 500

借：待处置资产损溢——处置净收入　80 000

　贷：事业收入　80 000

93.借：银行存款　4 500

　　贷：事业收入　4 500

94.借：固定资产　35 000

　　贷：非流动资产基金——固定资产　35 000

借：事业支出——基本支出——财政补助支出——其他资本性支出

　　——办公设备购置　35 000

　贷：财政应返还额度——财政直接支付　35 000

95.借：应收票据——A公司　106 000

　　贷：经营收入　100 000

　　　　应缴税费——应缴增值税——销项税额　6 000

96.借：银行存款　101 000

　　经营支出——利息支出——其他支出——其他支出 5 000

　　贷：应收票据——A公司　106 000

97.借：待处置资产损溢——处置资产价值　150 000

　　贷：应收账款——C企业　150 000

98.借：其他支出——处置资产损失——其他支出——其他支出

150 000

　　贷：待处置资产损溢——处置资产价值　150 000

99.借：银行存款　35 000

　　贷：附属单位上缴收入　35 000

100.借：存货——××材料——财政补助资金　90 000

　　——非财政非专项资金　90 000

　　贷：财政补助收入——财政直接支付　90 000

贷：其他应收款——政府采购款 90 000

101.借：银行存款 10 000

贷：其他应收款——政府采购款 10 000

102. 借：经营支出——工资福利支出——基本工资 110 000

——津贴补贴 150 000

——奖金 30 000

贷：应付职工薪酬——工资（离退休费） 84 000

——地方（部门）津贴补贴 150 000

——其他个人收入 30 000

——社会保险费 8 000

——住房公积金 12 000

应缴税费——应缴个人所得税 6 000

103.借：经营支出——商品和服务支出——其他商品和服务支出

30 000

贷：银行存款 30 000

借：固定资产 30 000

贷：非流动资产基金——固定资产 30 000

104.借：存货——办公用品 13 400

贷：其他收入——捐赠收入 12 500

库存现金 900

105.借：待处置资产损溢——处置资产价值 1 638

贷：存货——乙物资 1 400

应缴税费——应交增值税——进项税额转出 238

106.借：存货——××材料 36 000

贷：应付票据 36 000

107.借：其他支出——利息支出——其他支出——其他支出 500

贷：银行存款 500

108.借：银行存款 60 000

贷：预收账款——B企业 60 000

109.借：银行存款 24 000

预收账款——B企业 60 000

贷：事业收入 84 000

110.借：银行存款 500 000

贷：长期借款——3年期 500 000

111.借：在建工程 10 000

贷：非流动资产基金——在建工程 10 000

借：其他支出——利息支出——其他支出——其他支出 10 000

贷：银行存款 10 000

112.借：长期借款 500 000

其他支出——利息支出——其他支出——其他支出 5 000

贷：银行存款 505 000

借：在建工程 5 000

贷：非流动资产基金——在建工程 5 000

113.借：固定资产 100 000

贷：非流动资产基金——固定资产 20 000

长期应付款 80 000

借：事业支出——基本支出——非财政非专项资金支出——其他资本性支出——专用设备购置 20 000

贷：银行存款 20 000

114.借：事业支出——基本支出——非财政非专项资金支出——其他资本性支出——专用设备购置 40 000

贷：银行存款 40 000

借：长期应付款 40 000

贷：非流动资产基金——固定资产 40 000

115.借：库存现金 1 000

贷：其他应付款——王强 1 000

116.借：待处置资产损溢——处置资产价值 23 400

贷：存货 20 000

应缴税费——应缴增值税——进项税额转出 3 400

借：其他支出——捐赠支出——其他支出——其他支出 23 400

贷：待处置资产损溢——处置资产价值 23 400

117.半年期国债券分摊：100 000÷250 000×250=100（元）

1年期国债券分摊：150 000÷250 000×250=150（元）

借：短期投资——半年期国债券 100 100

——1年期国债券 150 150

贷：银行存款 250 250

118.借：银行存款 4 000

贷：其他收入——投资收益 4 000

119.借：零余额账户用款额度 400 000

贷：财政补助收入——财政授权支付 400 000

120.借：长期投资——M企业股权 122 000

贷：非流动资产基金——长期投资 122 000

借：其他支出——税费支出——其他支出——其他支出 2 000

贷：银行存款 2 000

借：非流动资产基金——固定资产 95 000

累计折旧 5 000

贷：固定资产 100 000

121.借：其他应付款——王强 1 000

贷：库存现金 1 000

122.借：长期投资——N中心股权 303 000

贷：非流动资产基金——长期投资 303 000

借：其他支出 3 000

贷：银行存款 3 000

借：非流动资产基金——无形资产 80 000

累计摊销 20 000

贷：无形资产 100 000

123.借：银行存款 6 000

贷：其他收入——投资收益 6 000

124.借：待处置资产损溢——待处置资产价值 122 000

贷：长期投资——M企业股权 122 000

借：非流动资产基金——长期投资 100 000

贷：待处置资产损溢——待处置资产价值 100 000

125. 借：固定资产　605 000
　　贷：非流动资产基金——固定资产　605 000
借：事业支出——基本支出——非财政非专项资金支出——其他资本性支出——专用设备购置　605 000
　贷：银行存款　605 000
126. 借：在建工程　149 249
　　贷：非流动资产基金——在建工程　149 249
借：非流动资产基金——固定资产　149 249
　累计折旧　60 751
　贷：固定资产　210 000
127. 借：在建工程　74 300
　　贷：非流动资产基金——在建工程　74 300
借：事业支出——基本支出——财政补助支出——其他资本性支出——大型修缮　74 300
　贷：零余额账户用款额度　74 300
128. 借：固定资产　223 549
　　贷：非流动资产基金——固定资产　223 549
借：非流动资产基金——在建工程　223 549
　贷：在建工程　223 549
129. 借：待处置资产损溢——处置资产价值　11 000
　累计折旧　4 000
　　贷：固定资产　15 000
130. 借：固定资产——甲设备　10 000
　　贷：非流动资产基金——固定资产　10 000
借：待处置资产损溢——处置资产价值　4 000
　累计折旧　2 000
　贷：固定资产　6 000
131. 借：银行存款　150 000
　　贷：财政补助收入——专项资金收入——学术年会　150 000
132. 借：事业支出——项目支出——财政补助支出——学术年会——商品和服务支出——会议费　79 000

贷：银行存款 79 000

133.借：事业支出——项目支出——财政补助支出——学术年会——商品和服务支出——劳务费 51 000

贷：库存现金 51 000

134.借：银行存款 600 000

贷：事业收入——非财政专项资金收入——自科重大 600 000

135.借：存货——××材料——非财政专项资金——自科重大 60 000

贷：银行存款 60 000

136.借：库存现金 50 000

贷：银行存款 50 000

借：事业支出——项目支出——非财政专项资金支出——自科重大——商品和服务支出——劳务费 60 000

贷：库存现金 50 000

应缴税费——应缴个人所得税 10 000

137.借：事业支出——项目支出——非财政专项资金支出——自科重大——商品和服务支出——专用材料费 15 000

贷：存货——××材料——非财政专项资金——自科重大 15 000

138.借：非流动资产基金——固定资产 13 810

贷：累计折旧——设备类 5 600

——建筑类 8 210

139.借：事业支出——基本支出——财政补助支出——其他支出——其他支出 2 680

贷：应缴税费——应缴房产税 580

——应缴土地使用税 2 100

140.借：经营支出——商品和服务支出——专用材料费 28 000

贷：存货——××材料——非财政非专项资金 28 000

141.增值税=650 000×17% = 110 500（元）

城市维护建设税=110 500×7% = 7 735（元）

教育费附加=110 500×3% = 3 315（元）

地方教育费=110 500×1% = 1 105（元）

借：经营支出——其他支出——其他支出　　122 655

　贷：应缴税费——应缴增值税　　110 500

　　　　——应缴城市维护建设税　　7 735

　　　　——应缴教育费附加　　3 315

　　　　——应缴地方教育费　　1 105

142. 借：库存现金　　264 000

　　贷：银行存款　　264 000

借：应付职工薪酬——应付工资　　84 000

　　——应付地方津贴补贴　　150 000

　　——应付其他个人收入　　30 000

　贷：库存现金　　264 000

借：其他应付款——应缴社会保险费　　8 000

　　——应缴住房公积金　　12 000

　应缴税费——应缴个人所得税　　6 000

　贷：银行存款　　26 000

143. 借：事业支出——基本支出——财政补助支出——商品和服务支出——专用材料费　　5 000

　　贷：存货——B材料——财政补助资金　　5 000

144. 借：银行存款——美元　　10 000

　　贷：经营支出——其他支出——其他支出　　10 000

145. 借：财政应返还额度——财政直接支付　　250 000

　　——财政授权支付　　100 000

　　贷：财政补助收入——财政直接支付　　250 000

　　——财政授权支付　　100 000

146. 借：上缴上级支出　　80 000

　　贷：银行存款　　80 000

147. 借：对附属单位补助支出——A单位　　60 000

　　贷：银行存款　　60 000

148. 借：银行存款　　100 000

　　贷：附属单位上缴收入——B单位　　100 000

149.借：经营支出　68 700
　　贷：存货　68 700
150.借：应缴税费　25 762
　　贷：银行存款　25 762
151.借：应缴国库款　30 000
　　贷：银行存款　30 000
152.借：其他应收款——政府采购款　600 000
　　贷：银行存款　600 000
借：固定资产　1 100 000
　贷：非流动资产基金——固定资产　1 100 000
借：事业支出　1 100 000
　贷：其他应收款——政府采购款　550 000
　　财政补助收入——财政直接支付　550 000
借：银行存款　50 000
　贷：其他应收款——政府采购款　50 000
153.借：银行存款　350 000
　　贷：附属单位上缴收入　350 000
154.借：存货　46 300
　　贷：其他收入——捐赠收入　46 000
　　　库存现金　300
155.借：长期投资——长期股权投资　263 000
　　贷：非流动资产基金——长期投资　263 000
借：事业支出　3 000
　贷：银行存款　3 000
借：非流动资产基金——固定资产　210 000
　累计折旧　120 000
　贷：固定资产　330 000
156.借：事业支出——财政补助支出——基本支出——工资福利支出
　　——基本工资　450 000
　　——津贴补贴　330 000
　　——奖金　40 100

贷：应付职工薪酬——工资（离退休费）　316 000
——地方（部门）津贴补贴　330 000
——其他个人收入　40 100
——住房公积金　39 000
——社会保险费　25 000
——工会经费　5 000
应缴税费——应缴个人所得税　65 000

借：库存现金　686 100
贷：银行存款　686 100

借：应付职工薪酬——工资（离退休费）　316 000
——地方（部门）津贴补贴　330 000
——其他个人收入　40 100
贷：库存现金　686 100

借：其他应付款——住房公积金　39 000
——社会保险费　25 000
——工会经费　5 000
应缴税费——应缴个人所得税　65 000
贷：零余额账户用款额度　134 000

157. 借：零余额账户用款额度　1 000 000
贷：财政补助收入——财政授权支付　1 000 000

158. 借：在建工程　860 000
贷：非流动资产基金——在建工程　860 000

借：非流动资产基金——固定资产　860 000
累计折旧　94 500
贷：固定资产　954 500

159. 借：事业支出　20 000
贷：零余额账户用款额度　20 000

160. 借：在建工程　3 800 000
贷：非流动资产基金——在建工程　3 800 000

借：非流动资产基金——固定资产　3 800 000
累计折旧　2 620 000

贷：固定资产 6 420 000

借：在建工程 3 690 000

贷：非流动资产基金——在建工程 3 690 000

借：事业支出 3 690 000

贷：财政补助收入——财政直接支付 3 690 000

借：固定资产 7 490 000

贷：非流动资产基金——固定资产 7 490 000

借：非流动资产基金——在建工程 7 490 000

贷：在建工程 7 490 000

161. 借：银行存款 100 000

贷：附属单位上缴收入 100 000

162. 借：事业支出——财政补助支出——基本支出——工资福利支出

——基本工资 450 000

——津贴补贴 330 000

——奖金 40 100

贷：应付职工薪酬——工资（离退休费） 316 000

——地方（部门）津贴补贴 330 000

——其他个人收入 40 100

——住房公积金 39 000

——社会保险费 25 000

——工会经费 5 000

应缴税费——应缴个人所得税 65 000

借：应付职工薪酬——工资（离退休费） 316 000

——地方（部门）津贴补贴 330 000

——其他个人收入 40 100

——住房公积金 39 000

——社会保险费 25 000

——工会经费 5 000

应缴税费——应缴个人所得税 65 000

贷：财政补助收入——财政直接支付 820 100

163. 借：固定资产 200 000

贷：非流动资产基金——固定资产　200 000

164.借：银行存款　160 000

贷：事业收入　160 000

165.借：无形资产　75 000

贷：非流动资产基金——无形资产　75 000

166.借：待处置资产损溢——处置资产价值　200 000

贷：应收账款　200 000

借：其他支出　200 000

贷：待处置资产损溢——处置资产价值　200 000

第五篇　民间非营利组织会计练习题参考答案

一、概念题参考答案

1.非营利部门是由成千上万个民间非营利组织所构成的。所谓“民间非营利组织”，包括各种社会团体、民间非企业单位、宗教团体等不以营利为目的的民间组织。

2.划分费用性支出与资本性支出原则是指会计核算要合理划分应当计入当期费用的支出和应当予以资本化的支出。

3.民间非营利组织的其他货币资金有外埠存款、银行汇票存款、银行本票存款、信用卡存款、信用证保证金存款、存出投资款等多种形式。

4.民间非营利组织应当定期或者至少于每年年度终了时，对长期投资是否发生了减值进行检查，如果发生了减值，应当计提长期投资减值准备。

5.存货是指民间非营利组织在日常业务活动中持有以备出售或捐赠的，或者为了出售或捐赠仍处在生产过程中的，或者将在生产、提供服务或者日常管理过程中耗用的材料、物资、商品等，包括材料、库存商品、委托加工材料，以及达不到固定资产标准的工具、器具等。

6.固定资产是指民间非营利组织同时具有以下特征的有形资产：（1）为行政管理、提供服务、生产商品或者出租目的而持有的；（2）预计使用年限超过1年；（3）单位价值较高。

7.在建工程是民间非营利组织进行在建工程所发生的实际支出，包括施工前期准备、正在施工中的建筑工程、安装工程、技术改造工程等。

8.文物文化资产是指用于展览、教育或研究等目的的历史文物、艺术品以及其他具有文化或者历史价值并作长期或者永久保存的典藏等。

9.固定资产清理是民间非营利组织因出售、报废和毁损或其他处置等原因转入清理的固定资产价值及其清理过程中所发生的清理费用和清理收入等。

10.无形资产是指民间非营利组织为开展业务活动、出租给他人或为管理目的而持有的且没有实物形态的非货币性长期资产，包括专利权、非专利技术、商标权、著作权、土地使用权等。

11.受托代理资产是民间非营利组织接受委托方委托从事受托代理业务而收到的资产。

12.待摊费用是指民间非营利组织已经支出，但应当由本期和以后各期分别负担的分摊期在1年以内（含1年）的各项费用，如预付保险费、预付租金等。

13.预提费用是民间非营利组织按照规定预先提取的已经发生但尚未支付的费用，如预提的租金、保险费、借款利息等。

14.预计负债是民间非营利组织因或有事项所产生的现时义务而确认的负债，包括因对外提供担保、商业承兑票据贴现、未决诉讼等确认的负债。

15.非限定性净资产为民间非营利组织净资产中除限定性净资产之外的其他净资产。

16.限定性净资产是指资产或者资产的经济利益（如资产的投资收益和利息等）的使用和处置受到资源提供者或者国家有关法律、行政法规所设置的时间限制或（和）用途限制。

17.捐赠收入是民间非营利组织接受其他单位或者个人捐赠所取得的收入。

18.会费收入是民间非营利组织根据章程等的规定向会员收取的会费收入。

19.提供服务收入是民间非营利组织根据章程等的规定向其服务对象提供服务所取得的收入，包括学杂费收入、医疗费收入、培训收入等，为组织提供服务的收入。

20.投资收益是民间非营利组织因对外投资取得的投资净损益。

21.业务活动成本是民间非营利组织为了实现其业务活动目标、开展其项目活动或者提供服务所发生的费用。

22.民间非营利组织的管理费用为组织和管理其业务活动所发生的各项费用，包括民间非营利组织董事会（理事会或者类似权力机构）经费和行政管理人员的工资、奖金、津贴、福利费、住房公积金、住房补贴、社会保障费、离退休人员工资与补助，以及办公费、水电费、邮电费、物业管理费、差旅费、折旧费、修理费、无形资产摊销费、存货盘亏损失、资产减值损失、因预计负债所产生的损失、聘请中介机构费和应偿还的受赠资产等。

23.筹资费用是指民间非营利组织为筹集业务活动所需资金而发生的费用，包括民间非营利组织获得捐赠资产而发生的费用以及应当计入当期费用的借款费用、汇兑损失（减汇兑收益）等。

24.业务活动表反映民间非营利组织在某一会计期间内开展业务活动的实际情况。

25.现金流量表反映民间非营利组织在某一会计期间内现金和现金等价物流入和流出的信息。

二、简述题参考答案

1.民间非营利组织的特点：（1）组织性。（2）志愿性。（3）非营利性。（4）民间性。（5）自治性。（6）非政治性。

2.民间非营利组织会计的特点是：（1）不进行利润核算。（2）不进行所有权核算。

3.我国对民间非营利组织的一般会计规范如下：（1）会计目标。民间非营利组织会计核算应当以民间非营利组织的交易或者事项为对象，记录和反映该组织本身的各项业务活动，来保证会计信息质量的真实、准确和完整。（2）会计基本假设。《民间非营利组织会计制度》规定，民间非营利组织的会计基本假设也包括会计主体、持续经营、会计分期和货币计量四个假设。（3）会计核算基础。为向会计信息需求者提供真实、完整的会计信息，民间非营利组织会计制度规定所有民间非营利组织的会计核算应当以权责发生制为基础。（4）会计要素。与财政总预算会计、行政单位会计制度和事业单位会计一样，民间非营利组织会计制度也将会计要素划分为资产、负债、净资产、收入和费用五项，并分别进行了定义。（5）会计计量基础。由于民间非营利组织许多资产的取得没有实际成本，比如受赠资产和政府补助资产等，因此，制度在强调“实际成本计量原则”的同时，对于一些特殊的交易事项引入了公允价值等计量基础，以弥补实际成本之不足，并对公允价值的计量提供了详细的应用指南。（6）会计核算基本原则。根据民间非营利组织会计目标和会计核算基础的要求，制度规范了相关性、实质重于形式、一贯性、可比性、及时性、可理解性、配比、实际成本、谨慎性、区分费用性和资本性支出以及重要性11项会计核算基本原则。

4.民间非营利组织特殊交易或者事项的会计规范主要在如下方面：（1）捐赠的会计处理。（2）受托代理交易的会计处理。（3）关于净资产的分类与列报。（4）关于收入的确认。（5）关于费用的确认和列报。（6）关于财务会计报告的组成和内容。

5.关于捐赠的会计处理规定：制度规定，民间非营利组织取得的捐赠应当确认为收入，在业务活动表中予以反映，以完整地反映其收入来源和业务活动开展的情况。

6.关于受托代理交易的会计处理规定：制度规定，民间非营利组织应当对受托代理资产进行确认和计量，并且在确认一项受托代理资产时，应当同时确认一项受托代理负债，并在资产负债表中单列项目予以反映。

7.关于净资产的分类与列报规定：民间非营利组织的净资产按照其资产的使用是否受到限制进行分类，将净资产分为限定性净资产和非限定性净资产两类进行核算和列报。

8.关于收入的确认规定：对于因交换性交易而形成的收入，要按照《企业会计准则第14号——收入》规定的原则予以确认。对于因非交换性交易而形成的收入，在满足下列条件时予以确认：（1）与交易相关的、含有经济利益或者服务潜力的资源能够流入组织并为组织所控制，或者相关的债务能够得到解除；（2）交易能够引起净资产的增加；（3）收入的金额能够可靠地计量。

9.关于费用的确认和列报规定：《民间非营利组织会计制度》要求在对费用的会计核算中，应当严格区分业务活动成本和期间费用，将两者分别列报。其中，期间费用又分为管理费用、筹资费用和其他费用。

10.关于财务会计报告的组成和内容规定：根据《会计法》的要求和民间非营利组织的会计目标，《民间非营利组织会计制度》规定我国民间非营利组织的财务会计报告应当包括资产负债表、业务活动表、现金流量表三张基本报表和会计报表附注等内容。

11.民间非营利组织会计核算的一般原则：客观性原则、相关性原则、实质重于形式原则、一贯性原则、可比性原则、及时性原则、可理解性原则、配比原则、历史成本原则、谨慎性原则、划分费用性支出与资本性支出原则、重要性原则。

12.民间非营利组织的资产类别较多，与营利性企业接近，有货币资金、对外投资、应收预付款项、存货、固定资产、无形资产、其他资产等。

13.期末，民间非营利组织应当对长期债权投资是否发生了减值进行检查。如果长期债权投资的可收回金额低于其账面价值，应当按照可收回金额低于账面价值的差额计提长期投资减值准备。如果长期债权投资的可收回金额高于其账面价值，应当在该长期债权投资期初已计提减值准备的范围内转回可收回金额高于账面价值的差额。

14.民间非营利组织应当定期或者至少于每年年度终了，对应收款项进行全面检查，分析其可收回性，对预计可能产生的坏账损失计提坏账准备，确认坏账损失并计入当期费用。当期应补提或冲减的坏账准备按照以下公式计算：当期应补提或冲减的坏账准备=当期按应收款项计算应计提的坏账准备金额-本科目期初贷方余额。

15.期末，民间非营利组织应当对存货是否发生了减值进行检查。如果存货的可变现净值低于其账面价值，应当按照可变现净值低于账面价值的差额计提存货跌价准备。如果存货的可变现净值高于其账面价值，应当在该存货期初已计提跌价准备的范围内转回可变现净值高于账面价值的差额。

16.固定资产是指民间非营利组织同时具有以下特征的有形资产：（1）为行政管理、提供服务、生产商品或者出租目的而持有的；（2）预计使用年限超过1年；（3）单位价值较高。

17.民间非营利组织应当对固定资产计提折旧，在固定资产的预计使用寿命内系统地分摊固定资产的成本，但是，用于展览、教育或研究等目的的历史文物、艺术品以及其他具有文化或者历史价值并作长期永久保存的典藏等，不计提折旧。（1）民间非营利组织应当根据固定资产的性质和消耗方式，合理地确定固定资产的预计使用寿命和预计净残值。（2）民间非营利组织应当按照固定资产所包含经济利益或服务潜力的预期实现方式选择折旧方法，可选用的折旧方法包括年限平均法、工作量法、双倍余额递减法和年数总和法。折旧方法一经确定，不得随意变更。（3）固定资产的价值、使用寿命、预计净残值等发生变更的，应当根据变更后的价值、预计尚可使用寿命和净残值等，按照选定的折旧方法计提折旧。（4）民间非营利组织一般应当按月提取折旧，当月增加的固定资产，当月不提折旧，从下月起计提折旧；当月减少的固定资产，当月照提折旧，从下月起不提折旧。（5）计提融资租入固定资产折旧时，应当采用与自有应折旧固定资产相一致的折旧政策。能够合理确定租赁期届满时将会取得租入固定资产所有权的，应当在租入固定资产尚可使用年限内计提折旧；无法合理确定租赁期届满时能够取得租入固定资产所有权的，应当在租赁期与租入固定资产尚可使用年限两者中较短的期间内计提折旧。

18.民间非营利组织的收入有捐赠收入、会费收入、提供服务收入、政府补助收入、商品销售收入、投资收益和其他收入。

19.民间非营利组织的费用有业务活动成本、管理费用、筹资费用和其他费用。

20.民间非营利组织年终清理结算的主要事项包括：（1）清理核对各项收入和支出，确保企业所得税计算准确。凡属本年的各项收支都要及时入账。属于本年的各项支出，要按规定的支出用途如实列报。（2）清理各项往来款项。民间非营利组织的各项往来款项，年终前应逐笔进行清理。按照有关规定应转作各项收入或各项支出的往来款项要及时转入各有关账户，编入本年决算。（3）清理货币资金。年终要及时同开户银行对账，银行存款日记账的账面余额要和银行对账单的余额核对相符。现金账面余额要同库存现金核对相符。（4）清理财产物资。年终前，应对各项财产物资进行清理盘点，发生盘盈、盘亏的，要及时查明原因，按规定作出处理，调整账务，做到账实相符、账账相符。

21. 民间非营利组织会计报表有资产负债表、业务活动表和现金流量表。从报告期限上看，前两个表有中期报告和年度报告之分，现金流量表则只有年度报告。

22. 民间非营利组织的会计报表附注至少应当披露以下内容：（1）重要会计政策及其变更情况的说明。（2）董事会（理事会或者类似权力机构）成员和员工的数量、变动情况以及获得的薪金等报酬情况的说明。（3）会计报表重要项目及其增减变动情况的说明。（4）资产提供者设置了时间或用途限制的相关资产情况的说明。（5）受托代理业务情况的说明，包括受托代理资产的构成、计价基础和依据、用途等。（6）重大资产减值情况的说明。

三、会计分录题参考答案

1. 借：业务活动成本　　3 200
　　贷：现金　　200
　　　　其他应收款——小李　　3 000

2. 借：管理费用　　832
　　业务活动成本　　1 235
　　贷：累计折旧　　2 067

3. 借：现金　　3 000
　　贷：银行存款　　3 000

4. 借：银行存款　　8 000
　　贷：库存现金　　8 000

5. 借：管理费用　　78
　　贷：应交税金——房产税　　50
　　　　　　——城镇土地使用税　　28

6. 借：银行存款　　200 000
　　贷：捐赠收入　　200 000

7. 借入时：

借：银行存款　　200 000
　　贷：短期借款　　200 000

每月支付利息时：

借：筹资费用　　1 000

　贷：银行存款　　1 000

8.借：业务活动成本　　150 000

　贷：银行存款　　150 000

9.借：银行存款　　800

　贷：筹资费用　　280

　　在建工程　　520

10.借：存货　　1 035

　贷：银行存款——美元　　1 035

11.借：银行存款——美元　　234 500

　贷：短期借款　　234 500

12.借：银行存款——美元　　102 000

　贷：银行存款——人民币　　100 000

　　筹资费用　　2 000

13.借：固定资产　　130 000

　贷：其他货币资金——银行汇票　　130 000

14.借：其他货币资金——信用卡存款　　60 000

　贷：银行存款　　60 000

15.借：存货　　54 000

　贷：其他货币资金——银行本票　　54 000

16.借：其他货币资金——信用证保证金存款　　320 000

　贷：银行存款　　320 000

17.借：固定资产　　230 000

　贷：其他货币资金——信用证保证金存款　　230 000

18.借：其他货币资金——存出投资款　　180 000

　贷：银行存款　　180 000

19.借：短期投资——股票投资　　15 736

　贷：其他货币资金——存出投资款　　15 736

20.借：短期投资——国债　　88 070

　　其他应付款——国债利息　　4 000

贷：银行存款 92 070

21.借：短期投资——安仁公司股票投资 14 000

贷：捐赠收入 14 000

22.借：银行存款 2 000

贷：短期投资 2 000

23.借：银行存款 62 590

短期投资跌价准备 3 200

贷：短期投资——凭证式国债投资 54 000

投资收益 11 790

24.借：银行存款 82 500

短期投资跌价准备 2 600

贷：短期投资——B股股票投资 77 000

投资收益 8 100

25.借：长期投资——L集团债券 62 350

贷：银行存款 62 350

26.借：长期投资——A集团股票 45 280

贷：捐赠收入 45 280

27.借：银行存款 2 000

贷：其他应收款——世达集团股票投资收益 2 000

28.借：银行存款 53 000

长期投资减值准备 900

贷：长期投资——宏安公司债券 49 300

投资收益 4 600

29.借：长期投资——富林公司股票投资 13 600

短期投资跌价准备 1 300

管理费用 300

贷：短期投资 15 200

30.借：长期债权投资——债券投资 62 700

其他应收款 2 300

贷：银行存款 65 000

31.应收利息：

借：长期债权投资——债券投资（应收利息）　　2 000
　贷：投资收益　　2 000

分摊：

借：投资收益　　400
　贷：长期债权投资——债券投资（溢价）　　400

32. 借：银行存款　　78 000
　　贷：长期债权投资——债券投资　　76 900
　　　　投资收益　　1 100

33. 借：长期债权投资　　68 000
　　　　短期投资跌价准备　　630
　　贷：短期投资——债权投资　　68 000
　　　　管理费用　　630

34. 借：银行存款　　13 000
　　　　长期投资减值准备　　18 530
　　　　管理费用——长期投资减值损失　　27 470
　　贷：长期债权投资　　59 000

35. 借：银行存款　　29 900
　　　　长期投资减值准备　　600
　　贷：长期债权投资　　28 300
　　　　投资收益　　2 200

36. 借：银行存款　　30 500
　　　　筹资费用　　2 100
　　贷：应收票据　　32 600

37. 借：应收票据　　2 300
　　贷：筹资费用　　2 300

38. 借：短期投资　　48 000
　　　　其他应收款　　1 900
　　贷：银行存款　　49 900

39. 借：固定资产　　78 000
　　贷：预付账款　　36 000
　　　　银行存款　　42 000

40.借：存货	16 960	
贷：银行存款		16 960
41.借：应付工资	31 925	
贷：现金		30 688
应交税金		1 237
42.借：筹资费用	1 735	
贷：长期借款		1 035
预提费用		700
43.借：管理费用	800	
贷：存货		800
44.借：固定资产	38 935 100	
贷：在建工程		38 935 100
45.借：固定资产——融资租入固定资产	200 000	
贷：长期应付款		200 000
46.借：固定资产清理	10 650	
累计折旧	639 350	
贷：固定资产		650 000
47.借：无形资产	50 000	
贷：捐赠收入		50 000
48.借：受托代理资产	800 000	
贷：受托代理负债		800 000
49.交纳时：		
借：待摊费用	30 000	
贷：银行存款		30 000
每月摊销时：		
借：管理费用	6 000	
贷：待摊费用		6 000
50.借：业务活动成本	2 000	
贷：应付账款		2 000
51.借：管理费用	500 000	
贷：预计负债		500 000

52.借：捐赠收入——限定性收入	350 000	
政府补助收入——限定性收入	250 000	
贷：限定性净资产		600 000
53.借：限定性净资产	19 000	
贷：银行存款		19 000
54.借：存货	54 000	
贷：捐赠收入——限定性收入		54 000
55.借：银行存款	60 000	
应收账款	20 000	
贷：提供服务收入——非限定性收入		80 000
56.借：政府补助收入——限定性收入	150 000	
贷：银行存款		150 000
57.借：应收账款	58 500	
贷：商品销售收入——限定性收入		50 000
应交税金——增值税		8 500
借：业务活动成本	39 000	
贷：存货		39 000
58.借：银行存款	50 000	
筹资费用	8 500	
贷：应收账款		58 500
59.借：银行存款	125 300	
短期投资跌价准备	2 700	
贷：短期投资		120 000
投资收益		8 000
60.借：银行存款	68 000	
长期投资减值准备	4 700	
贷：长期股权投资		64 000
其他应收款		5 300
投资收益		3 400
61.借：长期股权投资	4 000	
贷：投资收益		4 000

62.年末确认利息：

借：其他应收款	3 200	
贷：投资收益		3 200

摊销初始折价投资：

借：长期债权投资	3 000	
贷：投资收益		3 000

63.

借：银行存款	131 000	
长期投资减值准备	3 600	
贷：其他应收款		8 000
长期债权投资		111 000
投资收益		15 600

64.

借：银行存款	32 000	
贷：无形资产		27 000
其他收入		5 000

65.

借：应付账款	8 000	
贷：其他收入		8 000

66.转入清理：

借：固定资产清理	6 200	
累计折旧	52 800	
贷：固定资产		59 000

发生清理费用：

借：固定资产清理	310	
贷：现金		310

变价收入：

借：银行存款	32 000	
贷：固定资产清理		32 000

固定资产处置净损失：

借：其他费用	25 490	
贷：固定资产清理		25 490

67.

借：管理费用——短期投资跌价损失	3 100	
贷：短期投资跌价准备		3 100

68.借：短期投资跌价准备　　6 000
　　贷：管理费用——短期投资跌价损失　　6 000

69.借：长期投资——永安集团股票　　2 000
　　贷：投资收益　　2 000

70.借：长期投资跌价损失　　6 000
　　贷：管理费用　　6 000

71.计提坏账准备：

借：管理费用　　12 800
　贷：坏账准备　　12 800

转销：

借：坏账准备　　3 530
　贷：应收账款　　3 530

72.借：坏账准备　　2 600
　　贷：管理费用——坏账损失　　2 600

73.借：其他应收款　　120 000
　　贷：文物文化资产　　120 000

74.借：商品销售收入——限定性收入　　20 900
　　贷：限定性净资产　　20 900

借：商品销售收入——非限定性收入　　60 800
　贷：非限定性净资产　　60 800